経営学入門

経営学入門（'24）

©2024　原田順子・松井美樹

装丁デザイン：牧野剛士
本文デザイン：畑中　猛

s-63

まえがき

　本書は，放送大学教養学部の導入科目「経営学入門（'24）」の印刷教材として執筆，編集されました。経営学を初めて学ぼうとする皆さんを対象として，ビジネスに従事する企業や組織のマネジメントに関する基礎概念や主要な理論・学説，その背景などについて解説し，企業経営を巡る現代的課題をいくつか取り上げ，その対応策を考えるための方法や手がかりを例示していきたいと思います。新しい課題には，新しいアプローチが必要になりますが，そのためには温故知新，すなわち，ビジネスのあり方やマネジメントの基本に立ち返り，先人が積み上げてきた理論的考察と経営実践から知見や洞察を得ることもしばしば有効な手段となります。

　この「まえがき」を書いています2023年8月時点では，ウクライナ紛争や円安による物価高騰，エネルギーコストの上昇，地球環境・気候変動問題への対応，賃上げ圧力，急激な少子高齢化の進展，2024年問題に代表される労働力不足，ChatGPTなどの生成AIを巡るリスクなど，日本企業の経営環境はますます厳しくなり，流動化しています。3年間にわたった新型コロナウイルス感染症対策のため，大きく変容を迫られたビジネス・モデルをニューノーマル環境でいかに再構築していくかも課題となっています。明治維新後の殖産興業や第二次世界大戦後の経済復興の時代に急成長を遂げた企業の戦略や組織がそのまま2023年に通用するとは考えられませんが，戦略の策定や実施のプロセスや組織化の方法について何らかのヒントを得ることはできるかもしれません。

　企業経営は，様々な利害関係者の間の調整，人材の確保・配置・育成，財やサービスの調達・生産・流通・販売，資金の調達と投資，情報の収

集・生産・流通・利用を通じて，顧客に対して価値を創造し，社会に貢献していく過程と言えます。その際に，これらの意思決定を同時に最適化することは，通常，不可能で，Plan（計画），Do（実行），Check（測定・評価），Action（対策・改善）の4つの活動を繰り返しつつ，改善を継続していく PDCA サイクルが広範に用いられています。製品の仕様や品質の向上，工程改善とコスト低減，温室効果ガス排出量削減，人材の育成と昇進，法令遵守など，すべて PDCA サイクルをベースに実現されています。このサイクルをできるだけ速く回し，変異を促進する仕組みを作り出すのが企業の戦略や組織の問題で，これらの基本原理を巡って様々な研究が展開されています。選択と集中，効率化，差別化，コンピテンス，ダイナミック・ケイパビリティー，環境適応，分化と統合，トレードオフ，職能間関係などが鍵概念となっています。

　本書では，戦略と組織，人材，財務，生産，販売，イノベーションなどのマネジメントに関わる基礎概念と基本原理をできるだけわかりやすく説明します。前半で企業経営と組織の基礎を，後半でイノベーションや知識創造への展開など現代において重視される事柄を学習します。また，日本的経営の特徴としてしばしば指摘されています雇用慣行や企業間関係，ガバナンス構造，およびそれらの変遷を踏まえつつ，厳しい経営環境に直面している日本企業が取り組むべき課題，そしてその対応策を考える際に役に立つ手がかりを提示します。揺るがぬ基盤の上に，新製品や新サービス，新技術，新発想が組み合わせられて新たな価値が構想され，創造されることが求められます。

　最後になりますが，分担執筆をお願いしました永田晃也先生，齋藤正章先生に心より御礼申し上げます。この印刷教材の完成に当たりましては，編集者の高野耕三氏に大変お世話になりました。専門的な編集作業のみならず，新型コロナウイルス感染症の影響が強く残るなかで温かい

励ましとご配慮をいただきました。さらに，放送教材の作成につきまして
は，小笹浩プロデューサーと技術スタッフの皆さんにお世話になりま
した。長期にわたる教材作成の過程の中では順風満帆とは言えない状況
もありましたが，それにもかかわらず本書が完成を見るに至りましたの
は多くの関係者のみなさまのご支援の賜物と深く感謝申し上げる次第で
す。

2023年 8 月

原田　順子
松井　美樹

6

目次

1 経営とは

原田順子・松井美樹

《**学習目標**》 最初に，わが国の企業活動のあり方と変化の方向性について学習する。特に，企業活動が「企業，家計，政府」という3者の関係において成り立ち，経済循環が成立していることを理解する。次に，大規模な企業組織が日本に根付いた時期を説明し，それ以前の組織との差異等を紹介する。最後に，経営学の嚆矢となったサイモンの議論，今に続く経営課題を多面的に解説する。

《**キーワード**》 知識の時代，産業革命，株式会社，意思決定過程，満足化原理

1. 変化する企業活動

わが国の国内総生産（GDP：Gross Domestic Products）の生産主体を見ると，市場生産者88.4％，一般政府9.0％，対家計民間非営利団体（政党，宗教団体，労働組合，私立学校等）2.5％で，経済活動の大部分が民間部門によってなされていることがわかる（内閣府，2021）。言い換えると，企業経営こそが現代日本の経済活動の原動力である。労働者を雇い，いかに効率的に財（モノ）・サービスを生産，供給するかということは，経営の主要なテーマである。わが国の近代化は19世紀末の明治時代に始まり，第2次世界大戦後には多くの優れた工業製品が生み出されて目覚ましい経済発展を遂げた。同時に，経営管理の面でも卓越した方法が実践されたことが知られている。たとえば，モノ作りの現場で在庫を最小限に抑えるジャスト・イン・タイム方式，品質管理の技法

QC（Quality Control）を生産現場に根付かせたこと（アメリカ人の William Edwards Deming の考えを発展），柔軟な配置転換，チームワークの重視，ボトムアップ型経営などは日本的経営として知られ，1980〜90年代に欧米諸国に強い影響を与えた。

前述の QC は主に製造業で活用されてきたが，今日の経済ではサービス業の占める割合が格段に高い。2021年には農林水産業（第1次産業）が GDP の生産に占める割合は1％程度であり，鉱業・製造業・建設業（第2次産業）が26.1％，その他の産業（第3次産業。サービス業等）が72.9％となっている（内閣府，2021）。

現代の日本ではグローバル化や社会の変化が著しく，事業環境の不確実性と厳しさが増し，消費者の好みも従業員の要望も多様になる一方である。厳しい市場競争のなかで企業が存続するためには市場において競争力のある財（モノ）やサービスを生産することが求められる。

産業の高度化によって不定形で裁量の大きい仕事が増加した結果，ヒトの内面に宿る知識や気分，リーダーシップのような組織人の関係のあり方等が能率に与える影響が増大した。宮下（2013）は，現代は「情報の時代」から「知識の時代」へと変化したと分析し，〔表1-1〕のようにまとめている。かつては有形の資産を用意して工場で製品を作ることが価値と利益を生む最良の方法であったが，現代では目に見えない知識などソフトを動かして富を生むのは人と組織である。また旧来は階層組織で分業されたホワイトカラーが定型的業務プロセスにしたがって働くことを求められた。しかし現代の変化は，必ずしも階層に分断されていない組織構造の中で知識ワーカーが非定型的業務プロセスにより協業する傾向が見られるようになった。宮下（2013）の分析は質的に新しいアウトプットが求められる時代になったことを強調するものである。

「知識の時代」への変化の結果，知識マネジメント（ナレッジ・マネ

表1-1 知識時代への変化

	情報の時代	知識の時代
価値の源泉	有形資産（ハード）	無形資産（ソフト）
利益の創出	工場（製品）	人と組織（知識）
仕事プロセス	ホワイトカラーの情報処理	知識ワーカーの知識活用創造
組織	階層組織 （分業中心）	多元的組織 （チーム・協業中心）
業務プロセス	定型的業務プロセス	非定型的業務プロセス

（出所）宮下清（2013）『テキスト経営・人事入門』創成社，p.80.

ジメント）の重要性は確実に増大した。ところで知識を活用する人（ナレッジ・ワーカー）とはどのような人々を指すのであろうか。それはエンジニア，科学者，医者等の高学歴な人とは限らず，クリーニング，ホテル，小売など実践的な知にも当てはまると宮下（2013）は論じている。ナレッジ・ワーカーといっても研究開発に従事する人に限定されるのではなく，企業活動の中のあらゆる分野（企画，マーケティング，コンサルティング，管理，販売，顧客サービス，製造プロセス等）での労働を含むという考え方である。

　さて，企業は製品市場のみならず金融市場，労働市場で効果的に行動することが求められる。金融市場において（株式会社の場合）出資者が株や債券を購入する見返りに配当を支払う。財市場においては，財（モノ）やサービスを消費者に販売して売り上げを立てる。労働市場では，労働者を採用し，労働の対価として報酬（賃金や付加給付）を与える。このように企業は周囲との利害関係を調整しながら生産活動を継続して行くのである。

　社会における経済活動を経済学のフレームワークでみると，企業，家

計，政府の3つの主体に整理される。〔図1-1〕に表わされるように，企業と家計は給与と労働力，企業と政府は税金と公共サービス，家計と政府は税金と公共サービスを交換しながら互いに結びつき，国内の経済循環が成立している（稲葉，2002）。

　〔図1-2〕は企業の活動に注目して経済循環を具体的にわかりやすく説明している。最初に，資源（カネ，モノ，ヒト，情報）をインプットし，スキルや機材で付加価値をつけ，売り物（モノやサービス）を作り，株主に配当し，従業員に賃金を支払い，環境に影響を与えることでさらなるインプットが生じることで経済循環が進行するのである（薄上，2007）。

　かつての日本は農業国であり，大多数の人が農業に従事していた。明治以降の経済政策によって，わが国は産業革命を経験したと言えよう。明治政府の富国強兵政策によって工業化が進展していったが，重工業よりも軽工業が先に発展した。次節では歴史的視点から企業と組織を考える。

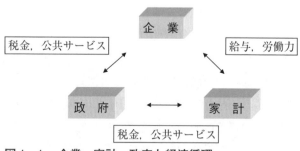

図1-1　企業・家計・政府と経済循環
（出所）筆者作成

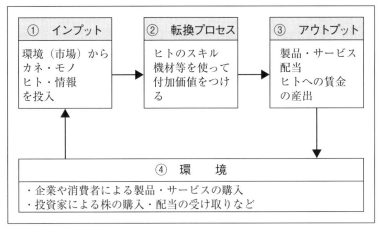

① **インプット**

環境（市場）から
カネ・モノ
ヒト・情報
を投入

② **転換プロセス**

ヒトのスキル
機材等を使って
付加価値をつけ
る

③ **アウトプット**

製品・サービス
配当
ヒトへの賃金
の産出

④ **環　境**

・企業や消費者による製品・サービスの購入
・投資家による株の購入・配当の受け取りなど

図1-2　会社と社会のかかわりあい
（出所）薄上二郎（2007）『テキスト経営学入門』中央経済社，p.2.

2. 工業化の発展と企業組織

（1）　工業化の発展

　階層的な組織からなる大規模な企業体は，産業革命による工場制度の
形成，資本主義の発展などのうえに成立した。世界で最初に産業革命が
起きたイギリスにおいては，1760〜70年代にかけて綿紡績の技術革新が
なされた。やがて織布機械の開発と普及が進み，綿工業，毛織物産業の
機械化が発展した。この機械化の過程で設立された工場は，地域的集積
を特徴とする「イギリス型産業組織」と呼ばれる中小工場が主体であっ
た。その後，19世紀末頃から階層的な経営組織を有する大企業が，新興
工業国のアメリカ，ドイツの新しい産業（電機，化学，自動車，石油）
を中心に登場し，他国・他産業にも影響を与えた（藤瀬，2004）。大企
業と不可分の関係にある株式会社制度は，すでに19世紀後半に銀行，保
険，鉄道，海運などの分野で重要な役割を果たしていたが，新産業にお

いても経済発展を支える土台となった（藤瀬，2004）。

わが国においては，明治時代（1868～1912年）初期，就業者の80％が農業に従事していたが（神代，2003），明治政府は近代化・工業化を推進する殖産興業政策を採った。政府は，欧米の技術者を招き，官営工場を設置（あるいは江戸幕府から引き継ぎ）・運営した。製鉄，造船などの重工業に加えて，当時の主要な輸出品であった絹糸生産のため製糸工場も創設された。特に，製糸工場では多くの女性が働いたことが知られている。

1872年，日本初の大規模洋式製糸工場である官営富岡製糸場が，もともと蚕糸業が盛んであったため原料の調達が容易であり，かつ工場立地として水利，乾燥した風土，交通の便が適していた群馬県富岡に創設された。この工場は，フランス人技師を雇い，フランス製の機械を導入した模範工場であり，当初は他工場の指導者となる女子工員の養成が目的の伝習工場であった（今井，1986）。富岡製糸場（世界遺産）は，繰糸棟が全長140メートルを超えるレンガ造りであり，およそ1,000人を収容できる寄宿舎を備えた大規模工場であった。「明治の時代は糸が軍艦を作った」と言われるが，国富への貢献に加えて，技術面，管理面で「近代的組織」を含む工場制度が開始されたことが注目に値する（今井，1999）。繊維産業の発展は近代的な組織における女子雇用の進行でもあった。

その後も，1877年に官営新町絹糸紡績所（群馬県），89年に第一絹糸紡績（京都府）などの工場が開設されていった。やがて，官営工場の民間への払い下げ，不況期の合併などの結果，鐘紡（鐘淵紡績）と富士紡績の2社が，明治末期から第1次世界大戦までの絹糸紡績の中心的存在となった（北野，2003）。

（2） 工業化以前

　興味深いことに，江戸時代にも大組織における雇用労働は存在した。それらは，「近代的組織」における雇用管理・雇用関係と何が異なるのであろうか。江戸時代には，江戸，京都，大阪において大店と呼ばれる大規模な絹織物商が見られ，数百人の雇用者を抱える店もあった。大店は，17世紀後半から18世紀後半にかけて都市の絹織物の需要とともに発展し，19世紀の段階で都市の名所となっている（西坂，1992）。

　西坂（1992）によると，大店は，年功序列，職階と部署による機能分業，内部昇進，企業内教育などの点で現代日本の企業組織と類似性がある。しかし，①奉公人が男子に限られている，②ほとんどの奉公人が住み込みで働く，③平均勤続年数が短い，④奉公人の目標は独立して自営すること，などの点で，今日の日本的経営とは根本的に異なる。また，現代の雇用者は「資本 - 賃労働」という契約関係により使用者と結ばれているが，奉公人は前近代的なイエと主従関係により結ばれていたという面においても異なるのである（西坂，1992）。

　大店の奉公人の目標が独立して小経営を自営することにあった，ということからもわかるように，江戸時代は小経営を主体とし，それに価値を置く社会であった。明治以降，資本主義が発展することにより，社会における企業組織の雇用関係・雇用管理にも徐々に変化が生じたのである。

　ここまで歴史的に企業経営と社会の関係を振り返ってみたが，次節では20世紀以降の経営（学）について解説する。

3. 現代の経営

　経営学の基礎を築くことにおいて多大な貢献を果たした研究者の１人に，経済組織における意思決定過程を解明した先駆的研究により1978年

にノーベル経済学賞（The Sveriges Riksbank Prize in Economic Sciences in Memory of Alfred Nobel）を受賞したサイモン（Herbert A. Simon）がいる。彼は組織において経営者が担うべき管理的職能の中で「意思決定を行う」ことが最も重要で本質的なものであり，組織における意思決定プロセスを探索（intelligence），設計（design），選択（choice）の3つの活動の反復的サイクルと考えた。ここでは，経営者や管理者のヒトとしての側面が深く考慮されており，全知全能で最適化を図る経済人ではなく，限られた合理性や能力しか持たず，満足化原理に従って漸進的改善を繰り返す実践的な意思決定者が想定される。多くの複雑な意思決定状況において，探索活動は部分的にしか行われず，問題状況の本質を構造的に捉えることができない。設計活動も完全からは遠く，重要な選択肢が無視されてしまうこともある。また，組織における意思決定には複数の目標が追求されることが通常であり，それらの目標間の関係性も選択肢と目標との間の関係性も正確には把握できない状況では，最適化は不可能で，満足化原理による選択が現実的な方法となる（Simon, 1957）。組織の基本原理は比較的単純であるとしても，そこにヒトの要素が加わると，問題状況は複雑になり，解決が難しくなってしまう傾向がある。

　組織における重要な意思決定には複数の経営者や部門，職能などが関与することが通常であり，それは組織の持つ利点であると同時に，問題解決をより困難にしてしまう危険も伴う。実際，組織における深刻な問題状況の多くは，特定の部門や職能の中で生じるよりも，異なる部門や職能の間のインターフェイス部分で起こる。それぞれの部門や職能は固有のミッションや目標を持ち，それを実現するための能力やスキルを構築していく。それらが特定の問題状況で噛み合わなかったり，相反したりすると，対立に発展する。たとえば，メーカーにおける新製品導入に

おいては，マーケティング部門，設計部門，製造部門の協力が不可欠であるが，不協和音が発生することもしばしばある。目標については，マーケティング部門は市場志向，設計部門は製品技術志向，製造部門は生産技術志向とコスト志向が強く，これに応じて具備すべき能力やスキルにも違いがあるため，製品仕様などを巡って合意形成ができなかったり，意思疎通さえ難しいような不全状態に陥ってしまったりすることもある。このような部門間のコンフリクトをいかに調整して解消を図っていくかが経営者にとって取り組まなければならない課題の1つとなる。これが解決しない限り，競合に対して競争優位を確保するなど覚束ない。

　他方，異なる目標や能力を持つ部門や職能が存在することは，組織の持つ大きな利点でもある。一個人では異なる能力を発揮することには自ずから限界があるが，多数の個人から構成される組織においては，異なる個人や部門が異なる目標を追求し，異なる能力やスキルを構築していくことが可能である。

　昨今の流動的で厳しい経営環境のもとで，経済組織が存続していくためには，新事業や新技術の探索（exploration）と既存事業や既存技術の深堀（exploitation）を同時に追求する両利きの能力（ambidexterity）を備えることの重要性が指摘されている。探索と深堀という大きく異なる2つの目標を，深堀だけに偏らず，将来を見据えて抜かりなく探索も継続していけるような形で，両立させる経営が求められている。従来の事業戦略論では2つの目標間のトレードオフを前提として，いずれかの一方の目標を追求すべきとされてきたが，トレードオフを解消して，敢えて「二兎を追う」戦略に注目が集まってきている（O'Reilly and Tushman, 2021）。

　次章からは経営戦略，経営組織，経営管理等について14のテーマから

段階的に学習する。

学習課題

(1)　日本と比較して，GDP における市場生産者の割合が低い国を探してみよう。
(2)　経済の歴史を振り返ったとき，あなたが歴史的な転換点だと考える出来事はいつか。また，その理由は何か，自由な発想で考えてみよう。

注：本章は原田順子（2006，2020）を基に改変した部分を含む。

外国語参考文献

・Simon, H. A.（1957）*Administrative Behavior: A Study of Decision-Making Process in Administrative Organization*, Macmillan, New York（松田武彦・高柳暁・二神敏子訳『経営行動』ダイヤモンド社，1965）
・O'Reilly, C. A. and Tushman, M. L.（2021）*Lead and Disrupt: How to Solve the Innovator's Dilemma*, Stanford Business Books, Stanford（入山章栄監訳『両利きの経営──「二兎を追う」戦略が未来を切り拓く』東洋経済新報社，2022）

日本語参考文献

・稲葉元吉（2002）『経営 新訂版』実教出版
・今井幹夫編・和田英著（1999）『精解富岡日記：富岡入場略記』群馬県文化事業
　振興会
・今井幹夫監修（1986）『赤煉瓦物語』あさを社
・薄上二郎（2007）『テキスト経営学入門』中央経済社
・北野進（2003）『信州 独創の軌跡：企業と人と技術文化』信濃毎日新聞社
・神代和欣（2003）『産業と労使』放送大学教育振興会
・内閣府（2021）『2021年度（令和 3 年度）国民経済計算年次推計（フロー編）ポ
　イント』
　　＜https://www.esri.cao.go.jp/jp/sna/data/data_list/kakuhou/files/2021/
　　sankou/pdf/point_flow20221223.pdf＞2023年 4 月21日検索。
・西坂靖（1992）「 5 ．近世都市と大店」吉田伸之編『日本の近世：第 9 巻 都市の
　時代』中央公論社
・原田順子（2006）「日本の近代化と女子労働」大沢真知子・原田順子編著『21世
　紀の女性と仕事』第 2 章，放送大学教育振興会
・原田順子（2020）「組織マネジメントと働き方」原田順子・若林直樹編著『新時
　代の組織経営と働き方』第 1 章，放送大学教育振興会
・藤瀬浩司（2004）『欧米経済史：資本主義と世界経済の発展』放送大学教育振興
　会
・宮下清（2013）『テキスト経営・人事入門』創成社

2 | 経営戦略

原田　順子

《学習目標》　今日の経営戦略は経営学における主要な分野となっており，本章のみで全容を解説することは難しい。そこで萌芽期の主要な学説を説明することで，戦略論の成り立ちの理解を図りたい。主にチャンドラー，アンゾフ，ポーター等による議論を紹介する。

《キーワード》　多角化，競争優位，シナジー（相乗効果），PPM，ドメイン

1. 経営戦略の始まり

　もともと戦略（strategy）とはギリシャ語の strategos（将軍の術）から派生した軍事用語である。類似用語の戦術（tactics）は戦闘の各局面における臨機応変の行動を意味するが，戦略は戦闘を勝利に導くための上位のガイドラインである（金井，2016；柴田，2004）。戦略の概念を最初に経営学で論じたのは，経営史学者のチャンドラー（Alfred DuPont Chandler, Jr., 1918-2007）が1962年に記した著作『Strategy and Structure: Chapters in the History of the Industrial Enterprise』であると言われている。それ以前に，マネジメントの大家であるドラッカー（Peter Ferdinand Drucker）は経営者の役割を論じる際に戦略の重要性に触れたが，副次的に取り上げるにとどまっていた（金井，2016）。また，経済学者のペンローズ（Penrose, E.）の著書『企業成長の理論』（1959）は，後に資源ベース理論（後述）に影響を与えるが，戦略を正面から説いているわけではない。

　チャンドラー（2004）は戦略について以下のように論じている。技術面での複雑さがあまりない小規模な事業活動であれば，組織内の分業に多大な必然性は見られず，マネジメント業務の負担は重くない。しかし，事業が成長するにつれて分業（例：職能別，地域別等）が促進される。新たな製品分野への進出は多角化戦略と呼ばれ，複数の事業部による分業に向うかもしれない。事業の成長パターンに応じて，分業形態と組織タイプは固有の方向に発展していくであろう。事業は戦略にしたがって展開され，それに応じた組織が形成されるから，組織は戦略に応じて決まるのである。世に言う「組織は戦略に従う」である。そして戦略は，人口動態，豊かさ，技術イノベーション等によって変化する。アメリカの経営史を振り返ってみると，1850年頃までの企業と言えば小規模な同族経営で，マネジメントは簡素で済み，専門のマネジャーを置く必要はなかった。この時代においても，現代の水準からみると未発達だがマネジメントのための組織（本社）と現業部門を分けている企業は存在したが，ごく少数で例外的であった。ところが1850年代初めにアメリカの東西両岸が鉄道で結ばれると，鉄道会社は国内有数の巨大企業に成長し，従来とは異なる次元のマネジメントが求められるようになった。本社と現業部門の間に緻密な指揮命令とコミュニケーションの経路が設けられた。エリー鉄道の統括責任者は，マネジメントの必然性を1855年に下記のように述べた。

　　「全長50マイルの鉄道であれば，統括責任者一人で事業に注意を払い，細かい指示もみずから下せる。スタッフ全員の顔を知っていて，課題があればすぐに取り上げて対処できる。このような状況では，たとえ充実した制度がなくても比較的満足のいく成果が得られるものだ。

　　しかし，全長が500マイルともなると，事情は大きく異なってくる。短い鉄道を運用・管理するのに適した仕組みは，長距離鉄道の要請にはまったく応えられないだろう。」（チャンドラー，2004，p.26）。

　すべての部門の活動を調整，評価，プランニングする専従のマネジャーを有する組織形態は，鉄道から他産業へと伝播していった。さらに南北戦争（1861-1865）後，都市への人口集中が新たな事業機会を生んだ。その結果，1890年代以降のアメリカでは急速に企業規模が拡大した。そして少数の同族メンバーだけでは手に負えなくなると，フルタイムの専門経営者が「戦略」に基づいて会社を経営した。このような経営者達は組織構造に目を向けた。本業（ライン）スタッフを専従のスタッフが補助する「ライン・アンド・スタッフ型組織」がペンシルベニア鉄道に登場した。また，集権的職能別組織では他職能に対する理解が進まず，全社的視点を有する幹部を育成することが難しかったこと，多角化や国際化により，デュポンに代表されるような分権的組織である事業部制を取り入れる企業が増加した。チャンドラー（2004）は，組織は戦略に従って決まるのであるから，事業拡大（通常は経営の目的）の道程に応じた組織が生まれると分析した。

　　次に紹介するのは経営学者のアンゾフ（Harry Igor Ansoff, 1918-2002）である。彼は著書『企業戦略論』（1965）において戦略経営（strategic management）の概念を提唱し，経営戦略の理論的な分析と体系化に貢献した。アンゾフは第2次ロシア革命（1917）直後にロシア共和国のウラジオストックで生まれた。小規模な工場を所有するアンゾフ家は反革命的なブルジョワジーと見做されたことから，1936年に小旅行を装って一家でソビエト連邦から米国へ移住した（アンゾフ，

2007)。やがてアンゾフは機械工学（修士）と応用数学（博士）を修めると，ロッキード社のマネジャーとなった。同社の多角化プロジェクトの担当者の一員として働いた経験が，学界へ転じた後に大いに生かされた。多角化を図る企業の中で，一貫した戦略的計画を有する企業（戦略経営の実践者）はそうでない企業と比較して優れた業績を示すことを，彼は検証したのである。しかしアンゾフは自由に戦略を決めれば組織がついてくるとは述べていない。むしろ組織とは動的なもので，組織内の配列はビジネスをとりまく様々な要因（組織が提供する商品やサービスの種類，陳腐化に至るまでの時間の長さ，競争の熾烈度等）に影響を受けるとしている（アンゾフ，2007）。この着想は，前述のチャンドラーが言った「組織は戦略に従う」の逆を行く（つまり「戦略は組織に従う」）。また，企業の手持ちの（限られた）経営資源の配分について，①「新製品・新サービス」か「既存製品・既存サービス」，②「新規市場」か「既存市場」の組み合わせを決定するとき，これまで培ってきた組織の慣性に影響を受ける。したがって，新しい戦略を実行できるか（特に，「新製品・新サービス」を「新規市場」で展開すること，すなわち多角化）は，効率的な組織体制になっているか，組織内部にビジネス上の知見が蓄積されているか等の前提と密接に関わっていると論じられた。また，アンゾフは①製品・市場分野，②成長ベクトル，③競争優位性，④シナジー（相乗効果）という4つの要素が戦略を構成すると分析している。

　以上のように1960年代のチャンドラーとアンゾフの議論が多角化と深く関連しているのは，この時代にアメリカ企業の多角化が劇的に進展したことに対応したためである。

2. 経営戦略の発展

　1970年代になると，多角化された事業を分析して，経営資源（特に投資資金）の配分を決定し，管理することに議論の焦点が移った（井上，2015；金井，2016）。中でも経営コンサルティング会社であるボストン・コンサルティング・グループが開発したプロダクト・ポートフォリオ・マネジメント（Product Portfolio Management：PPM）という分析手法は注目された。この手法には，経験曲線効果（累積生産量が2倍になるとコストは2〜3割下落）と製品ライフサイクル論（製品は導入，成長，成熟，衰退という変遷をたどる）という前提が置かれている。〔図2-1〕に示される横軸の相対的マーケット・シェアは経験曲線効

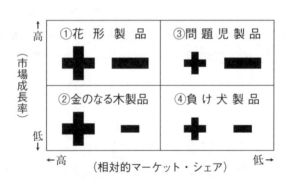

記号： ✚ 資金流入　━ 資金流出

図2-1　プロダクト・ポートフォリオ・マネジメント（PPM）

（出所）村松司叙（1989）『経営管理』放送大学教育振興会，p.70

（注）市場成長率：当該製品の属する市場の年間成長率
　　　相対的マーケット・シェア：当該製品分野の最大のライバル企業に対する相対的シェア（対数尺度で表すことが一般的）

果に，縦軸の市場成長率は製品ライフサイクル論に基づく。事業／製品は上記 2 点の位置づけによって資金需要が変動することを念頭に図を見てみよう。

　ある企業の製品構成を 4 象限に分けて分析することは，多様な製品群の現在および将来のキャッシュフローを考え，ライバル社に対する自社の強みの認識につながる。各象限の製品を説明すると以下のように説明される（村松，1989）。

① **花形製品**（高シェア×高成長率）：製品ライフサイクル期は成長期であり，販売促進や技術改良のための投資がかさみ，資金流出が大きい。ただし売上が好調で資金流入も大きい。次の金のなる木と考えられる。

② **金のなる木製品**（高シェア×低成長率）：製品ライフサイクル期は成熟期であるため，新たな投資をあまり要さない。一方，安定した売上で資金が流入する。しかし，やがて製品の衰退期が訪れるので，この状態はずっと続かない。

③ **問題児製品**（低シェア×高成長率）：製品ライフサイクル期は導入期か成長期の初期であるため，売上はそれほど高くない。市場成長率が高く，有望な製品に技術改良などの投資を行うから，資金流出は大きい。

④ **負け犬製品**（低シェア×低成長率）：製品ライフサイクル期は衰退期である。売上高は低調だが，もう投資もしないので資金流出も少ない。近い将来，会社は製造を停止して，この製品に振り向けていた資源の転用を考えるべきである。

　1970年代後半以降，経営戦略は以下の 2 系統に分かれていった（金井，

2016)。

（1）分析型戦略論

　第一の流れは，アンゾフや PPM の流れを汲む分析型の戦略論の立場から，企業全体の戦略（全社戦略）ではなく特定の事業を対象とする事業戦略ないしは競争戦略へと発展した。競争戦略論を展開したポーター（Michael, E. Porter, 1947〜）は，その代表的な研究者である。彼の議論（たとえば，戦略の基本類型化であるコストリーダーシップ戦略・差別化戦略・集中戦略，分析ツールである価値連鎖 value chain 等）は，いまに続く経営戦略に多大な影響を与えた。さらにポーター（1985）は，企業が選択する競争戦略の特徴は組織構造や組織文化に関連すると，組織論的な視点も提示した（井上，2015）。

　ポーター（1985）は競争戦略について以下のように論じた。議論の前提として競争こそが企業の能力と業績を伸ばすとされている。そのうえで競争戦略とは，競争的な市場の中の自社の属する業界において，収益を得られるように，有利な競争的地位を選択することである。そのために，まず競争の土俵（業界）が厳しいか甘いかを認識しなければならない。それは，比較的楽に収益を挙げられる業界もあれば，そうでない業界もあるからである。業界の魅力度（業界内の企業が平均的に資本コスト以上の投資収益を稼げるか）は，①新規参入業者の参入，②代替品の脅威，③買い手の交渉力，④売り手（供給業者）の交渉力，⑤現在の競争業者間の敵対関係によって決まる。言い換えると，これら 5 つの要因が業界構造を形成している。競争戦略を決める第二の基準は，その企業の業界内の地位である。

　競争優位はコスト（競争相手のコスト vs 自社のコスト）か差別化によって決まってくる。前述の 5 つの競争要因について，どのようにライ

図2-2　4つの基本戦略

（出所）ポーター，M. E. (1985)『競争優位
の戦略：いかに高業績を持続させるか』土岐
坤ほか訳，ダイヤモンド社，p.16.

バルよりも優れた対応ができるかを考えればよい。競争優位を達成する
ための戦略は，①コスト・リーダーシップ，②差別化，③A．コスト集
中，④B．差別化集中，という以下の4つに分類される〔図2-2〕。

① コスト・リーダーシップ：自社が属する業界内で低コストであると
いう「評判」を取る
② 差別化：買い手が欲する1つまたは2以上の特性を選択し，その
ニーズに応えるのは当社以外にないという体制を構築することで，
他社よりも高価格で製品を販売する。また，製品以外にも販売のた
めの流通システム，マーケティング等多様な差別化が存在する。
③ A．コスト集中：集中戦略は業界内の狭いターゲットに狙いを定め
る。そのセグメントにおいてコスト面で優位に立つ。

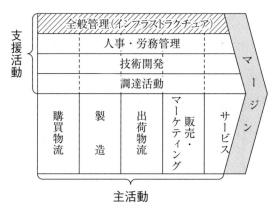

図2-3　価値連鎖の基本形

（出所）ポーター，M. E.（1985）『競争優位の戦略：
いかに高業績を持続させるか』土岐坤ほか訳，ダイ
ヤモンド社，p.49.

④　B. 差別化集中：集中戦略は業界内の狭いターゲットに狙いを定め
　　る。そのセグメントにおいて差別化を追求する。

　競争優位の源泉を調べるためには，特定業界（1事業単位）内の価値
連鎖（value chain）の検討が有効である（ポーター，1985）。〔図2-
3〕に示されるように，価値（顧客が進んで払うお金）は製造や販売等
の主活動，人事・労務管理や調達活動等の支援活動，マージンから成る。
競争優位の源泉は企業が行う諸活動を競争相手よりも上手に，または安
く行うことにある。では，その活動は企業内のどこにあるのか，または
競争力の面でライバルより劣る活動は何か等，分析するツールとして，
ポーター（1985）は価値連鎖（value chain）を提唱した。

（2）プロセス型戦略論

　第二の流れは，企業と環境，組織内の動的な相互作用から経営戦略が生まれてくるというもので，プロセス型戦略論と言われる。戦略形成のパターン研究（ミンツバーグ，1978）や資源ベース理論（企業内部要因と戦略の関係に注目）もこの系譜に含まれる。プロセス型戦略論は組織学習の概念（ビジネス上の能力の蓄積と活用を意味する）と共に発展し，経営組織論（本来は経営戦略論とは別ジャンルの学問分野）との融合が進んだ（井上，2015）。

3.　戦略の遂行

　戦略の遂行にあたっては以下の要素の適切な認識によって，競争優位性やシナジー効果が生まれる（ホファー，シェンデル，1978）。

（1）　ドメインの決定

　企業活動の中枢には，この企業の活動を通じて成し遂げたいミッション，目的（パーパス），夢，ビジョン，コンセプト，アイデアといった「何か」が鎮座していることであろう。それは抽象的なものかもしれないし，極めて具体的なものかもしれない。また経営を続けていくなかで，それは忘れ去られてしまう場合があるかもしれない。しかし少なくとも創業時には，何かのために組織化がなされたという「何か」があったはずである。これに基づいて企業の活動領域（生存範囲）であるドメインが決められる。一般に，ドメインは現時点の事業領域とは限らず，将来的な展開の方向性を含む。またビジネス環境の変化によって，何度でも定義し直すことができる。不適切なドメインは企業の衰退や倒産を招く場合があり，その決定は極めて重要である。

　レビット（1963）はアメリカの鉄道産業の衰退がドメインの不適切さ

にあったと分析した。かつての鉄道は成長産業であったが，自動車・トラック・飛行機ないしは電話（移動せずに話すことができる）等によって衰退した。しかし，もしも鉄道を広く輸送事業と定義していたら，結果は違っていたかもしれない。国と時代は異なるが，実際，わが国の鉄道会社は輸送事業を超えた展開をみせている。新型コロナウイルス感染症の影響により，2020年には在宅勤務が推奨されて人々のライフスタイルが変化した。通勤客が減った結果，鉄道需要は下落した。2022年時点で徐々に客足は戻ってきているものの，以前の水準に達するか先行きは不透明である。JR東日本の売上高の中で，非鉄道部門は4割未満であるが，同社は今後不動産事業等を梃に非鉄道部門を増強しようとしている（日本経済新聞，2023）。同社の多角化は進んでおり，駅スペース活用事業，ホテル事業，住宅事業，オフィス事業，広告・出版事業，スポーツ・レジャー事業，ITビジネス事業，ショッピングセンター事業，商事・物流事業，人材ビジネス事業等が展開されている（JR東日本，2023）。これは，ドメインの決定がいかに重要であるか，何度も定義し直すことができて企業の成長の鍵であるかを示す一例である。

（2） 戦略のレベル

戦略にはレベル（ないしは階層）があるため，以下に挙げるレベルを正しく認識したうえで戦略を策定，遂行することが必要になる。

企業活動全体の戦略を全社戦略（企業戦略）と言い，そのサブシステムとして事業戦略（各事業分野の戦略）が存在するのである。なお，単一事業組織においては，全社戦略と事業戦略は同一になる（山田，2018）。

事業部制組織部の下に職能別部門がぶら下がっている場合，各種の職能（生産部門，販売部門等）は職能別事業戦略を有すると言える。

（3） 資源展開

経営資源は限られているので，何にどのように振り分けるか考えなければならない。先述のドメインと関連するが，企業は自社が何をどこまで行うかを決める。経営戦略の遂行に関して，自社内で行うか，社外との取引か（戦略的提携，ネットワーク化など，他組織との協調的関係の構築を含む）を選択することができる。自社内にこだわり，生産の川上から川下まで垂直統合を図った場合，生産ノウハウの蓄積やブランドの確立，コスト低減を進めることはできる。しかし，経営要素は限られているので，いつかは選択が必要になる。ないしは不採算部門を切り捨てるという意思決定もあろう。その際に，自社の競争優位の源泉である能力（コア・コンピタンス）を捨て去らないよう慎重に見極めることが重要である。

学習課題

(1) 経験曲線効果と製品ライフサイクル論という前提がなかったとしたら，プロダクト・ポートフォリオ・マネジメント（PPM）の分析に問題が生じるか考えなさい。
(2) ドメインの再定義によって，衰退の危機から復活した企業例を挙げなさい。

外国語参考文献

・Mintzberg, H. (1978) 'Patterns in Strategy Formation', *Management Science*, 24(9), pp.934-948.

日本語参考文献

・アンゾフ，H. I.（2007）『アンゾフ 戦略経営論［新訳］』中村元一監訳，中央経済社

・井上善海（2015）「経営戦略とは」，井上善海・大杉奉代・森宗一『経営戦略入門』序章，中央経済社

・金井一頼（2016）「経営戦略とは」，大滝精一・金井一頼・山田英夫・岩田智『経営戦略：論理性・創造性・社会性の追求』第1章，第3版，有斐閣アルマ

・JR東日本（2023）「JR東日本＞企業サイトトップ＞企業情報＞生活サービス事業」<https://www.jreast.co.jp/life_service/station/>（2023年4月28日検索）

・柴田高（2004）『経営戦略入門講座』日科技連出版社

・チャンドラー，Jr., A. D.（2004）『組織は戦略に従う』ダイヤモンド社（Chandler Jr., A. F. 1962, *Strategy and Structure: Chapters in the History of the Industrial Enterprise*, Cambridge: MIT Press）

・日本経済新聞（2023）「JR東「品川は東京の玄関」」4月28日朝刊，15面

・ペンローズ，E.（2010）『企業成長の理論』第3版，日高千景訳，ダイヤモンド社（Penrose, E., 1959. *The Theory of the Growth of the Firm*, John Wiley and Sons）

・ポーター，M. E.（1985）『競争優位の戦略：いかに高業績を持続させるか』土岐坤，中辻萬治，小野寺武夫訳，ダイヤモンド社（Porter, M. E., 1985, *Competitive Advantage*, New York: The Free Press）

・ホファー，C. W.，シェンデル，D.（1981）『戦略策定』奥村昭博，榊原清則，野中郁次郎訳，千倉書房（Hofer, C. W., Schendel, D., 1978, *Strategy Formulation: Analytical Concept*, West）

・村松司叙（1989）「経営戦略（Ⅱ）」，森本三男編著『経営管理』第7章，放送大学教育振興会

・レビット，T.（1963）『マーケティングの革新：企業成長への新視点』小池和子訳，ダイヤモンド社（Levitt, T., 1962, *Innovation in Marketing : New Perspectives for Profit and Growth*, McGraw-Hill）

・山田幸三（2018）『経営学概論』放送大学教育振興会

3 | 組織経営

| 永田　晃也

《**学習目標**》　人は個人としての能力の限界を超えた目標を達成しようとして組織を編成する。その組織目標の効率的な達成を指向する取り組みが，組織経営（organization management）である。組織経営を実践するためには，まず組織編成に関する原則的な考え方（編成原理）を理解しておく必要がある。本章では，その編成原理を核心とする組織理論の基礎を学習する。さらには企業の境界（社内で行う業務の範囲）がどのような要因によって決定されるのかに関する理論を踏まえて，企業の境界を超えた組織経営の視点を習得する。

《**キーワード**》　協働システム，限定された合理性，コンティンジェンシー理論，職能別組織，事業部制組織，マトリックス組織，企業の境界，取引コスト・アプローチ，資源ベース・アプローチ，中間組織，消えゆく手

1. 組織とは何か，なぜ組織は必要なのか

　私たちは，社会生活を営む過程で何らかの組織に属し，多くの組織との関わりを持ち続けている。まず「組織」とは何か，なぜ組織は人間にとって必要なのかを考えてみよう。

　今日，組織論に関する多くのテキストは，「2人以上の人々の意識的に調整された活動ないし諸力の体系」という記述に準じて組織の概念を定義している。この定義は，ニュージャージー・ベル電話会社の初代社長であったバーナード（Chester I. Barnard；1886-1961）が，ハーバード大学での講演を元に著した『経営者の役割』（Barnard, 1938）の中

で提示したものである。同書によってバーナードは近代組織論の創始者
と目されるに至った。

　この定義において注意すべきポイントは，複数の人々の「集団」や，
人々の意識的に調整された「活動ないし諸力」自体ではなく，その「体
系（system）」を組織としていることである。システムとは何かについ
ては今日でも多様な概念が存在するが，バーナードはイタリアの経済学
者・社会学者であるパレート（Vilfredo Pareto；1848-1923）の提起し
た社会システムの概念を踏まえており，それは要素（部分）間の相互作
用関係によって構成された全体を意味している[1]。すなわち，人々が集
まり，互いに協力するために調整された仕組みの全体を指して組織と呼
んでいるのである。本テキストにおける組織の定義もこれに従う。

　さて，バーナードは，前記のように組織の一般的な定義を与えたうえ
で，経営組織のような公式の組織を「協働システム（cooperative
system）」と呼び，それを構成する要素として，①協働の意欲，②協働
の目的，③コミュニケーションの3つを挙げている。協働システムとし
ての組織が成立するためには，人々が共に働く目的と意欲を持ち，協力
関係の構築に向けて話し合いや指示を行うことが必要だという訳である。
この要件の中に，なぜ組織は必要なのかという問いに対する1つの答え
が含まれている。人は単独では叶わない目的の達成に向けて，他者と協
力して組織を作り出すのである。

　この個人の能力を超えた目的の達成という観点から，組織の成立を根
拠づける理論は，カーネギー工科大学（現・カーネギーメロン大学）の
サイモン（Herbert A. Simon；1916-2001）によって精緻化された。サ
イモンは『経営行動』（初版1947；第4版1997）と題する著書の中で，
合理的な意思決定を行ううえでの個人の能力の限界に焦点を当てている。
所与の条件のもとで目的とする価値を最大化するための意思決定を行う

1）　このようなシステムの概念は，システムを要素（部分）の単なる総和に還元で
　きない全体性を持つものとして捉えたフォン・ベルタランフィ（Ludwig von
　Bertalanffy；1901-1972）らの一般システム論における概念と同様である。

ことを「客観的合理性」と定義すると，それを実現するためには，全て
の代替的な選択肢と各選択に伴う全ての結果を精査したうえで最も効用
の高い選択肢を採らなければならない。しかし，そのような意味での合
理的な意思決定を行うことは，認知能力や情報処理能力に限界がある個
人には不可能である。組織は，この個人の能力の限界に由来する「限定
された合理性（bounded rationality）」を克服するための装置として捉
えられた。

　言い換えれば，組織は，外部環境から様々な情報や資源をインプット
し，それらを処理した結果を新たな情報や生産物などとして外部にアウ
トプットしていく「情報処理システム」として理解されたのである。こ
のように外部との相互作用関係を通じて作動するシステムは「オープ
ン・システム」と呼ばれ，外部からの影響を受けない「クローズド・シ
ステム」と区別される。

　組織が外部環境に合理的に適応していくためのオープン・システムで
あるとすれば，その最適な内部構造（すなわち組織を構成する業務の分
担関係と各業務に対する責任・権限の配置）のあり方には，個人の主観
ではなく，外部環境の影響という客観的な要因が反映されなければなら
ないはずであり，組織構造の具体的な形態を決定する組織デザインには
何らかの編成原理が存在することになる。

　こうして，システムとして組織を捉える見方は，組織構造に関する議
論に科学的な根拠を導入することに結びつき，組織理論（organization
theory）と呼ばれる研究領域が形成されることになったのである[2]。

2.　どのような組織を作るべきか

（1）　コンティンジェンシー理論

　組織の最適な構造は環境要因に依存して決まるという因果論理は，

---

2)　なお，組織に関する研究領域には，組織理論の他に，組織を構成するメンバー
　の行動を主な対象とする組織行動論（organizational behavior）がある。

1960年代に「組織のコンティンジェンシー理論（the contingency theory of organizations）」としてまとめられた[3]。この理論の実証的な根拠は，1950年代に英国で実施された研究によって提示された。

　エディンバラ大学のバーンズ（Tom Burns）とストーカー（George M. Stalker）は，スコットランドとイングランドにおいて，エレクトロニクス開発に投資した企業15社を含む製造業20社を対象とする調査を行い，管理機構には「機械的システム（mechanistic system）」と「有機的システム（organic system）」が存在することを発見した（Burns and Stalker, 1961）。機械的システムとは，課業（タスク）が職能別に専門化され，権限は階層構造を持ち，階層のトップに情報が集中し，各階層における行動が上司の決定・指示により統制される組織であり，技術や市場が安定したレーヨン紡績工場で採用されていた[4]。一方，有機的システムとは，共通の課業に対する貢献を重視し，各階層における課業はメンバーの相互作用を通じて調整され，コミュニケーションがネットワーク構造を持っている組織であり，技術や市場が流動的なコンピュータやラジオ・テレビなどのエレクトロニクス製品の製造企業に見出された。そして，エレクトロニクス産業への事業転換が促進されていたスコットランドにおける彼らの調査は，新たな事業分野への参入に伴い，技術や市場に関する状況が変化したにも関わらず，管理機構を機械的システムから有機的システムに転換できなかった企業が存在するのは何故かという問題に焦点を当てることになり，研究の関心は組織構造の転換に影響を及ぼす政治的要因の解明に向けられていった。

　また，ウッドワード（Joan Woodward）は，イングランドのエセックス州で製造業100社を対象として「サウス・エセックス研究」として知られる調査を行い，生産システムの技術的複雑性が高くなるほど権限

---

3) 「contingent」は偶発的な不測の事態を意味する語であるが，「contingency theory」という名称は「条件適応理論」と訳されている。
4) このような機械的システムの特徴は，マックス・ウェーバー（Max Weber; 1864-1920）が官僚制（ビューロクラシー）と呼んだ組織に類似している。

の階層が増大することや，大量生産技術を用いる企業では機械的組織が支配的である一方，単品ないし小規模バッチ生産の技術を用いる企業と装置生産技術を用いる企業では有機的組織が支配的であることなどを発見した（Woodward, 1965）。

ハーバード大学のローレンス（Paul R. Lawrence）とローシュ（Jay Lorsch）は，これらの調査結果と，プラスチック産業に属する企業6社を含む製造業10社を対象として自らの行った調査の結果を踏まえて，一連の研究から導出される因果論理にコンティンジェンシー理論という名称を与えた（Lawrence and Lorsch, 1967）。彼らは，環境に適合するための組織の編成原理を，「分化（differentiation）」と「統合（integration）」という2軸で捉えている。ここで分化とは，組織の内部機能が分業化し，それに伴って管理者の目標志向性，メンバーの時間志向性（短期，中期，長期），対人志向性（タスク中心，人間関係中心）といった思考様式や，組織構造の公式性が機能部門間で異なってくることを意味している。また，統合とは，一般的に企業が諸機能を組織の内部に取り込むことを言うが，ここでは分化した諸機能を企業全体の目標の達成に向けて協力させるために調整し，コントロールすることを意味している。

そのうえで，彼らは基礎研究，応用研究，製造，販売という4つの機能部門に焦点を当てた分析を行い，変化の激しい環境に直面している企業は不確実性に対応するために高いレベルで機能部門を分化させていることや，高業績の企業は機能部門の分化を深めると同時に，それらを統合するための強力な機構を発達させ，機能部門間に発生するコンフリクトの解消を図っていることなどを明らかにした。

ローレンスとローシュは，こうした分析結果を踏まえて，組織は分化と統合を同時追求することによって環境の要求条件に適応しようとするのであり，あらゆる条件に適用できる「one best way（唯一最善の方

法）」は存在しないと結論づけている。

　コンティンジェンシー理論は，1970年代にさらなる発展を遂げて組織研究の支配的な理論となり，日本の経営学にも大きな影響を及ぼした[5]。一方，70年代後半以降には，組織構造を専ら環境に左右される受動的なものとして捉える環境決定論的なアプローチが批判されるようになり，環境に働きかける組織の主体的な側面を重視する研究が台頭してきた。また，組織文化または組織風土と呼ばれる組織内部で共有された信念や価値観に注目する研究によって，組織には変化に抵抗する慣性（inertia）が存在することや，組織の環境適応にはパターンが存在することなどが指摘され，ポスト・コンティンジェンシー理論と総称される新たな組織理論が提起されてきた。

　しかし，様々な限界が指摘されながらも，コンティンジェンシー理論から導出された分化と統合という2軸を用いて環境条件に適合的な組織構造を決定するアプローチは，組織デザインにおける編成原理としての有効性を失ってはいない。以下では，この編成原理に即して具体的な組織構造の形態を概観する。

（2）　組織構造の基本型

　組織構造には，職能別組織，事業部制組織，マトリックス組織という3つの基本型がある。

①　職能別組織

　職能別組織（functional organization または functional form）は，組織が職能ごとに分化し，それらの職能を社長が一元的に統合する集権的な組織であり，機能別組織と呼ばれることもある〔図3-1〕[6]。

　職能別組織のメリットは，職能ごとに経営資源を集約させているため，

5）　コンティンジェンシー理論の発展と日本の経営学への影響については，野中（1983）を参照のこと。
6）　ここでは最高の意思決定権限を持つ者を「社長」と表記している。この意味の限りでは，「最高経営責任者（Chief Executive Officer: CEO）」と呼び換えても良い。

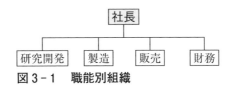

図3−1　職能別組織

職能の専門化を進めることができる点にある。たとえば，研究開発部門に社内の研究者や技術者が集中的に配置されていることによって，部門内部での知識のさらなる専門化や共有・蓄積を図り，業務効率を高めることができる。この意味で，職能別組織による専門化は，「規模の経済」の追求を可能にするのである[7]。

　一方，職能別組織のデメリットは，職能の専門化が進展する反面，多様な製品・サービスに対するニーズに適応することが困難になる点にある。また，職能別組織の構造はシンプルであることから，一見，迅速な意思決定が可能な組織に見えるが，全ての最終的な意思決定権限が社長に集中しているため，却って意思決定に遅延が生じやすい組織であると言える。さらに，各部門は，それぞれ異なる職能を担当しているため，部門間での相対的な業績評価を行うことが困難になる点もデメリットとして挙げられる。

　したがって，職能別組織は，多様な製品・サービスに対するニーズに柔軟に対応するよりも，単一の製品・サービス事業に経営資源を集中させることから得られる業務効率の効果が大きい状況に適した組織であると言える。

② 　事業部制組織

　事業部制組織（divisional organization または multi-divisional form）は，製品別，地域別などの対応する市場ごとに分化した複数の事業部を持ち，それらを社長と全社的な管理機能を補佐するスタッフからなる本社部門が統合する形態をとる組織である〔図3−2〕。各事業部には所要

---

7)　一般的に「規模の経済」とは，生産規模の拡大に伴って平均コストが低減する傾向を言う。

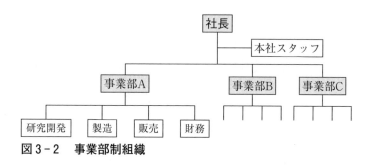

図3-2　事業部制組織

の職能部門が配置され，それらの職能部門は事業部ごとに統合されるため，事業部制は2段階の統合を行う階層構造を持つことになる。また，各事業部は利益に関する責任と権限を持ち，独立採算が期待される「プロフィット・センター」として位置づけられる。これらのことから，事業部制組織は分権的な組織として特徴づけられる。なお，事業部を「ビジネス・ユニット」と呼ぶ企業もある。

　事業部制組織のメリットとデメリットは，職能別組織と対称的である。すなわち，そのメリットは，まず多様な製品・サービス市場のニーズに対して柔軟かつ迅速に適応できる点にある。また，事業部ごとに明確な業績評価を行い，事業部間での相対評価を行うことができる点もメリットとして挙げられる[8]。他方，そのデメリットは，職能に関する経営資源を部門ごとに分割配置するため，資源の重複が発生し，規模の経済が得られない点に見出される。また，業績評価が容易である反面，事業部ごとに部分最適を追及するセクショナリズムが横行し，その結果，事業部間でのコンフリクトが発生しがちになる点もデメリットとなる。

　したがって，事業部制組織は，単一の市場において機能別に経営資源を集約することによる経済効率を犠牲にしても，多様な製品・サービス市場に対応する戦略を採る方が，企業全体の長期的な業績を高める効果が大きい状況に適した組織であると言える。

---

8)　事業部の業績評価には，通常，投資額に対する利益の比として計測される投資収益率（Return on Investment: ROI）が用いられる。

　実際，経営史研究者のチャンドラー（Alfred D. Chandler, Jr；1918-2007）は，化学メーカーのデュポンや自動車メーカーのGM（ゼネラル・モーターズ）など米国の大企業が，1920年代以降に市場ニーズに対応して事業の多角化を進める過程で，その組織構造（structure）を職能別組織から事業部制組織に移行させていったことを指摘した（Chandler, 1962）。このチャンドラーの発見は「組織は戦略に従う（structure follows strategy）」という命題に要約された形で知られている。

③　マトリックス組織

　職能別組織のメリットである資源の集約による専門化と，事業部制組織のメリットである多様な市場への対応能力とを兼ね備えた構造を持つ組織が，マトリックス組織である。マトリックス組織は，米国航空宇宙局（NASA）が1960年代にアポロ計画を推進する過程で，計画に関与する企業に対してコストや納期に責任を持つ「プロジェクト・マネジャー」の配置を求めたことを契機に，まず航空宇宙産業で導入された組織形態であることが知られている。

　一般的にマトリックス組織は，職能別に分化した様々な部門から所要のメンバーを，プロジェクト・チームに結集させることによって成立する。複数のプロジェクトが部門横断的に編成されることにより，組織全体はマトリックス構造をとる〔図3-3〕。この組織構造のもとでは，職能別の機能分化による規模の経済と，諸機能をプロジェクト単位で統合することによる多様な市場への対応が同時追求できるのである。

　マトリックス組織には，こうした利点がある一方，プロジェクトのメンバーが，所属している職能部門のマネジャーと，プロジェクト・マネジャーという2人のマネジャーの指揮系統下におかれるため，職能部門とプロジェクトがコンフリクトに陥る可能性があるという問題点を伴う[9]。そのようなコンフリクトの発生を回避するためには，職能部門の

---

9)　このように指揮系統が二重化するマトリックス組織の特徴は，「ツーボス・システム」と呼ばれる。

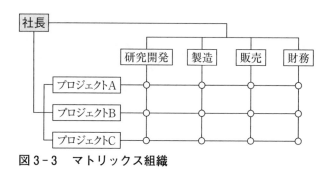

図3-3　マトリックス組織

マネジャーとプロジェクト・マネジャーのそれぞれについて責任と権限を明確にしておく必要がある。

　では，どのように責任と権限を配置すべきであろうか。その適切な配置には，やはり「唯一最善の方法」は存在せず，組織が直面している環境条件を考慮しなければならないのである。たとえば，企業が様々な要素技術の開発を担当する職能部門から研究者を結集して，複数の新製品開発プロジェクトを運用している状況を考えてみよう。その際，各要素技術における技術進歩のペースが速く，それぞれの要素技術の開発を担当している職能部門が技術進歩に遅れをとると，自社製品が競合製品に対して決定的に劣後する恐れがあるならば，要素技術の開発部門のマネジャーに相対的に強い権限を付与しておくべきである。一方，製品を構成する要素技術間に相互依存関係があり，個々の要素技術の優劣よりも，要素技術間のインターフェースの良し悪しが製品の優位性に決定的な影響を及ぼす状況であるならば，要素技術を統合する新製品開発プロジェクトのマネジャーに相対的に強い権限を付与しておかなければならない。

　なお，プロジェクト・チームは通常，時限付きで運用されるが，事業ごとあるいは国・地域ごとの常設の組織が職能部門を横断する形でマトリックス組織が編成される場合や，職能，事業および国・地域を交差さ

せた3次元のマトリックス組織が編成されることもある。

　以上に述べた組織構造の基本型は，いずれも編成原理に基づくモデル（理念型）であり，現実に存在する企業における組織は，多かれ少なかれ基本型から逸脱したバリエーションである。

　日本企業に多く見られるバリエーションの1つは，多角化を進めて多数の事業部を抱えることになった大企業が，製品・サービスに類似性や関連のある複数の事業部を統合することにより，経営資源の共有を図るために設置する「事業本部制」の組織である。

　また，事業部制の分権的な特徴を一層進展させた組織として「カンパニー制」組織がある。カンパニー制は，各カンパニーに資産を割り当て，その責任者に相当の決裁権を移譲することにより，あたかも独立した会社組織のように運用させるため，「社内分社制」と呼ばれることがある。

　このように多様な組織の存在も，企業が環境条件に適合しようとしてきた結果である。その成立のプロセスは，基本型の編成原理を応用することによって理解できるであろう。

3. 何をどこまで組織の中で行うか

　つぎに，どのような活動を（what），どのような場合に（when），どの程度（how），組織の内部で行うべきであるのかを考えてみよう。この問いは，どのような活動を，どのような場合に，どの程度外部化するべきかと言い換えることができる。

　この問いに対する答えは，組織（内部）と環境（外部）の境界を決定することになる。一般的に「企業の境界（boundary of the firm）」は，社内で行う業務の範囲として定義され，それを決めることは「make or buy（作るか買うか）」，つまり内製か外製かの意思決定問題とされてきた。

（1） 資源ベース・アプローチと取引コスト・アプローチ

　企業制度論の研究者であるラングロア（Richard Langlois）とロバートソン（Paul Robertson）は，企業境界の決定メカニズムをコスト上の観点から説明している。彼らは，諸活動（アクティビティ）の統合にかかるコストと，契約により市場で調達する場合にかかるコストの差として定義されるコスト・プレミアムの大きさによって，企業の境界が決定されるとした[10]。〔図3-4〕に示したΔC は，単位当たりコスト・プレミアムであり，それが負の値をとるときは組織内部へのアクティビティの統合にコスト優位が存在している。企業はコスト・プレミアムがゼロになるまでアクティビティの内部化を進めていき，B*で企業の境界が決定する。A*までのアクティビティは，市場での調達では代替できない企業にとっての核心的なアクティビティである。

　ここで企業境界B*の位置を決定するものとして取り上げられた2種類のコストのうちアクティビティの統合にかかるコストは，直接的な生産コストの他に，プロセスの調整やガバナンスに伴って発生するコストを含み，「ガバナンス・コスト」とも呼ばれている。様々なアクティビティを組織内部に取り込むと，それらを統制するためのコストも大きく

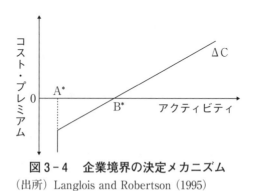

図3-4　企業境界の決定メカニズム
（出所）Langlois and Robertson（1995）

10)　諸活動（アクティビティ）は，業務と言い換えられる。

なる訳である。しかし，アクティビティを効率的に運用する能力（ケイパビリティ）が予め組織内部に存在すれば，ガバナンス・コストを軽減することができる。言い換えると，ガバナンス・コストの大きさは，あらかじめ当該企業の内部に蓄積されている能力のレベルに規定されている。

　つまり，このような能力は，企業の成長や競争優位の源泉となる一種の経営資源として機能しているのである[11]。固有の経営資源を企業の成長パターンや競争優位との関連において重視する理論は，ペンローズ（Edith Penrose：1914-1996）の『企業成長の理論』（初版1959；第3版1995）を始祖としており，資源ベース理論と呼ばれている。したがって，この理論に依拠して，企業境界の決定メカニズムを説明する立場は「資源ベース・アプローチ」と呼ぶことができる。

　一方，アクティビティを市場で調達する場合には，直接的な対価支払額の他に市場取引を利用すること自体に伴うコスト，すなわち「取引コスト（transaction cost）」がかかる。取引コストの概念は，新制度派経済学を打ち立てたコース（Ronald H. Coase：1910-2013）によって提唱され（Coase, 1937），その発生要因に関する理論はウィリアムソン（Oliver E. Williamson：1932-2020）によって発展させられた。

　取引コストが発生する根本的な原因は，サイモンの指摘した「限定された合理性」ゆえに，古典派経済学の市場モデルである完全競争市場において仮定されてきた「情報の完全性」が現実には存在しないことに求められる。企業は市場取引に際して，調達しようとする財・サービスの種類，価格，品質等の様々な情報を探索しなければならないが，特に財・サービスの性質が複雑になると，取引の妥当性を客観的に判断するための人的コストや時間的コストが増大する。また，業務委託のような調達方式を採る場合には，相手先の探索に伴うコストばかりでなく，契

---

11)　企業の成長や競争優位の源泉となる能力は，組織能力（organizational capability）と呼ばれている。

約時や契約後に相手先が機会主義的な行動をとらないかをモニタリングするためのコストがかかる。取引コストには，これら全てのコストが含まれる。こうした取引コストの存在を，企業がアクティビティを内部化する要因として重視する見方は「取引コスト・アプローチ」と呼ばれる。

　これらの理論的アプローチは，いずれかが正しいという競合的な関係にあるのではなく，企業境界の決定メカニズムを理解するうえで，あたかも鋏の2枚の刃のように補完関係を持つものとして捉えられる。あるアクティビティを市場で調達する際にかかるコストが，当該アクティビティを内部調達するために要するコストに比して相対的に大きい場合には，当該アクティビティの内部化（統合）が合理性を持つことになる。

（2）　内部統合と中間組織

　企業の境界は，アクティビティの内部統合が進めば拡張し，外部調達が進めば縮小する。一般に統合は，その対象となるアクティビティの種類によって，水平統合（horizontal integration）と垂直統合（vertical integration）に分けられる。水平統合とは，すでに内部化されているアクティビティと同質的なアクティビティの統合であり，その典型的な方法は競合他社の買収である。一方，垂直統合は，すでに内部化されているアクティビティとは異質なアクティビティの統合であり，その形態は，既存のアクティビティより川下のアクティビティを統合する前方統合（forward integration）と，川上のアクティビティを統合する後方統合（backward integration）に分けられる。たとえば，製品の組立ラインを保有しているメーカーからみて，原材料や部品等の生産機能の内部化は後方統合，販売・流通機能の内部化は前方統合である。

　内部統合の対象とならないアクティビティは，契約によって市場で調

達することになるが，その際に発生する取引コストを削減する効果を持つ方法は，長期的な業務提携や，系列化・グループ化等による緩やかな企業間結合の中で取引を行うことである。そのような企業間結合は，「中間組織」と呼ばれる（今井他，1982）。中間組織の統制は，参加企業間の関係を権限によって調整しないという点で通常の組織と異なっている。また，中間組織での取引は，そこに参加するメンバーの範囲や参入・退出の条件があらかじめ決められており，自由な参入・退出を原則としていないという点で純粋な市場での取引とも異なっている。すなわち，中間組織は，組織と市場の中間的な性質を持つ交換システムなのである。

　中間組織が参加企業にもたらすメリットは，そこでの取引を通じて様々な経営資源の機能を交換することが可能となり，単独で多様な経営資源を内部化することに伴うリスクが分散されるという点にある。したがって，中間組織の効果を引き出すためには，参加企業が相互に異なる補完的な経営資源を保有していることが望ましい。

（3）　見えざる手，見える手，消えゆく手

　チャンドラーは，19世紀後半の米国企業において大規模な垂直統合が進展した結果，専門的な経営者が管理する階層的な組織構造を持つ近代企業が成立したプロセスを分析した。そのうえで彼は，かつてアダム・スミス（Adam Smith：1723-1790）が「見えざる手（invisible hand）」と呼んだ市場による価格調整と資源配分のメカニズムが，近代企業のマネジメントという「見える手（visible hand）」に取って代わられたと述べている（Chandler，1977）。

　一方，ラングロアは，1990年頃から環境の不確実性をバッファーするうえで，大規模垂直統合企業の調整機能よりも市場取引に依拠する方が

コスト的に有利な局面に入ったとする観点に立ち,「消えゆく手
（vanishing hand)」仮説を提唱している（Langlois, 2007)。その根拠
とされている状況の変化は，人口・所得の増大に伴う市場の拡大，イン
ターネットによる取引コストの低減などであり，これらの変化が「市場
の厚み」を増大させていると言う。また，製品がモジュール型システム
に変わったことにより生産段階間のインターフェースが標準化され，調
整コストが低減したことを，垂直統合型組織における調整機能の優位性
が失われた要因として挙げている[12]。

　ラングロアの指摘は仮説の域を出ておらず，その一般的な妥当性につ
いては，なお検証を必要としている。特に人口がピークアウトし，平均
給与所得が長期的に横ばいで推移している日本の状況に対する説明力に
は多くの疑問を残している。

　しかし，インターネットの普及が取引コストを削減することにより，
取引関係を通じた企業間ネットワークを拡大させる効果を持ってきたこ
とは事実である。日本の企業も，そのような環境変化のなかで，企業の
境界を超えた組織間関係のマネジメントを，組織経営の新たな課題とし
ているのである。その新たな課題については，組織とイノベーションの
関係について学習する第8章で検討しよう。

---

12)　モジュール型システムとは，製品を構成する部品が相互に独立した状態にあ
　　り，部品間のインターフェースが製品全体の性能や完成度に影響を及ぼさない製
　　品システムを言う。

学習課題

⑴　日本の大企業に多く見られる事業本部制は，なぜ必要とされたのか。そのメリットとデメリットは何かを考えてみよう。

⑵　企業間で共同研究を行うための技術研究組合（コンソーシアム）は，中間組織の一種である。そのメリットとデメリットは何かを考えてみよう。

参考文献

・野中郁次郎『経営管理』日経文庫，1983年
・沼上幹『組織デザイン』日経文庫，2004年

引用文献

・Barnard, C. I.（1938）*The Function of the Executive,* Harvard University Press.（山本安次郎，田杉競，飯野春樹訳『新訳 経営者の役割』ダイヤモンド社，1968年）

・Burns, T. and G. M. Stalker.（1961）*The Management of Innovation,* Tavistock Publications.

・Chandler, Jr., A. D.（1962）*Strategy and Structure,* The MIT Press.（有賀裕子訳『組織は戦略に従う』ダイヤモンド社，2004年）

・Chandler, Jr., A. D.（1977）*The Visible Hand: The Managerial Revolution in American Business,* Harvard University Press.（鳥羽欽一郎，小林袈裟治訳『経営者の時代―アメリカ産業における近代企業の成立』上・下，東洋経済新報社，1979年）

・Coase, R. H.（1937）The Nature of the Firm, *Economica,* 4, November, 386-405.（宮澤健一，後藤晃，藤垣芳文訳『企業・市場・法』ちくま学芸文庫，2020年

第 2 章所収)

・今井賢一・伊丹敬之・小池和男 (1982)『内部組織の経済学』東洋経済新報社

・Langlois, R. and P. Robertson. (1995) *Firms, Markets and Economic Change: A Dynamic Theory of Business Institutions*, Routledge. (谷口和弘訳『企業制度の理論―ケイパビリティ・取引費用・組織境界』NTT 出版, 2004年)

・Langlois, R. (2007) *The Dynamics of Industrial Capitalism: Schumpeter, Chandler, and the New Economy*, Routledge. (谷口和弘訳『消えゆく手―株式会社と資本主義のダイナミクス』慶應義塾大学出版会, 2011年)

・Lawrence, P. R. and J. Lorsch. (1967) *Organization and Environment: Managing Differentiation and Integration*, Harvard University Press. (吉田博訳『組織の条件適応理論』産業能率大学出版部, 1977年)

・Penrose, E. (1995) *The Theory of the Growth of the Firm*, Third Edition, Oxford University Press. (日高千景訳『企業成長の理論（第 3 版)』ダイヤモンド社, 2010年)

・Simon, H. A. (1997). *Administrative Behavior*, Fourth Edition, Free Press. (二村敏子, 桑田耕太郎, 高尾義明, 西脇暢子, 高柳美香訳『新版 経営行動』ダイヤモンド社, 2009年)

・Woodward, J. (1965) *Industrial Organization: Theory and Practice*, Oxford University Press. (矢島鈞次・中村壽雄訳『新しい企業組織』日本能率協会, 1970年)

・Williamson, O. E. (1975) *Markets and Hierarchies*, The Free Press. (浅沼萬里・岩崎晃訳『市場と企業組織』日本評論社, 1980年)

4 │ 組織変革

│ 永田　晃也

《学習目標》　第3章では，組織が必要とされる理由を，個人における合理性の限界という観点から理解した。しかし，組織的な意思決定は，個人における合理性の限界を克服することはできても，常に完全な合理性を達成できるとは限らない。組織も個人と同じように試行錯誤を繰り返しながら環境に対して適応的な行動をとるようになる性質を持ち，その意味で学習する存在である。その学習過程は，特に環境が大きく変化し組織に変革を迫る局面において，組織の存続を左右する重要なプロセスとなる。

　本章のタイトルである組織変革というトピックについては，研究者やコンサルタントによって様々な指南書が著されているが，万能薬のような変革の手法がある訳ではない。ある組織が変革の課題に直面したとき，最も実践的な拠り所となるものは，変革を可能にする組織の能力に関する知識である。本章では，そのような能力が蓄積されるプロセスを，組織学習と組織の進化という観点から理解することを目標とする[1]。

《キーワード》　組織均衡，組織学習，ルーティン，組織記憶，組織の慣性，探索と活用，コンピテンシー・トラップ（有能性の罠），両利きの組織，シングル・ループ学習とダブル・ループ学習，低次学習と高次学習，組織の進化，組織能力，ダイナミック・ケイパビリティ

1. 組織は学習する

（1）　組織学習と組織記憶としてのルーティン

　まず，企業が組織としての存続条件を満たし，安定している状態とはどういうものかを考えてみよう。組織としての企業は，従業員，顧客，

---

1)　組織学習に類似した語として Senge（1990）などが提唱する「学習する組織（Learning Organization）」があるが，その概念は主として組織のメンバーが学ぶべき内容で構成されているため，ここでは扱わない。

供給業者，投資家などの多様なステークホルダー（利害関係者）が参加する関係性によって成立している。その関係性の中で，それぞれのステークホルダーは組織の生存に寄与する何らかの貢献と，その報酬となるインセンティブ（誘因）を組織と交換している。それぞれのステークホルダーは，求められる貢献以上のインセンティブを受け取る限り，この関係性への参加を継続し，組織は存続する。このような状態は組織均衡（organizational equilibrium）と呼ばれている[2]。

　組織均衡は，企業が環境に適応してきた結果，到達した状態と見ることができるが，新たな環境の変化によって不均衡状態に移行する可能性が常に存在している。そして不均衡状態に直面した企業は，再び環境に適応するため自らの行動プログラムを変化させるであろう。組織の行動プログラムは「ルーティン（routine）」と呼ばれ，ルーティンが変化するプロセスが「組織学習（organizational learning）」と定義されている[3]。

　ルーティンという語は，「ルーティン・ワーク」という語が日常的な定型業務を意味しているため，繰り返し行う作業手続を意味するものとして理解されるであろうが，組織理論の用語としてはルールに基づいて行われる広範な行動プログラムを含んでいる。すなわち「組織を構築・運営するための形式，規則，手順，慣習，戦略および技術」まで含む広い意味での行動プログラムが，ここでいうルーティンである[4]。

　このような意味でのルーティンは，就業規則や業務マニュアルのような公式文書としての形をとるばかりではなく，メンバーの間で共有され

---

[2]　組織均衡の概念は，3章で登場したバーナード，サイモンによって提起され，マーチ（James G. March）とサイモンの共著『オーガニゼーションズ』（初版1958；第2版1993）によって発展させられた。カーネギー工科大学（現・カーネギーメロン大学）で共同研究を行ったサイモン，マーチ，サイアート（Richard M. Cyert）らの企業行動理論を支持し，継承する知的伝統は「カーネギー学派」と呼ばれている。

[3]　このような組織学習の捉え方は，Cyert and March（1963）に由来する。

[4]　ルーティンの定義は，Levitt and March（1988）による。

た価値観や規範・慣習などの別名である「組織文化」として存在し，組織の行動を左右する。したがって，ルーティンは，組織に蓄積された記憶─「組織記憶（organizational memory）」としての機能を担っているのである。

　組織のメンバー（個人）はルーティンを学習し，ルーティンの実践を通じて新たな知識を獲得する。そしてメンバーが獲得した知識は，ルーティンを変化させる。メンバーが転職などの理由で入れ替わっても，獲得された知識は組織記憶としてのルーティンの中で維持され，他のメンバーによって継続的に学習される。このルーティンを基盤とする一連の学習プロセスは，「ルーティン・ベースの組織学習」と呼ばれている。

（2）　ルーティンベースの組織学習の事例

　ルーティン・ベースの組織学習が企業の持続的な競争優位の源泉にまでなった事例として，トヨタ自動車の生産方式を挙げることができる。トヨタ生産方式を構築した大野耐一は，同社では1つの事象に対して「なぜ」を5回繰り返すルーティンが定着していることを挙げ，機械が動かなくなったケースを想定して，その効果を次のように説明している（大野，1978）。

　①「なぜ機械は止まったのか」

　　　「オーバーロードがかかって，ヒューズが切れたからだ」

　②「なぜオーバーロードがかかったのか」

　　　「軸受部の潤滑が十分でないからだ」

　③「なぜ十分に潤滑しないのか」

　　　「潤滑ポンプが十分くみ上げていないからだ」

　④「なぜ十分くみ上げないのか」

　　　「ポンプの軸が摩耗してガタガタになっているからだ」

⑤「なぜ摩耗したのか」

「ストレーナー（濾過器）が付いていないので，切粉が入ったからだ」

こうして，ストレーナーを取り付けるという根本的な対策が発見された。大野は，「なぜ」の追求の仕方が足りないと，ヒューズの取り替えやポンプの軸の取り替えという対策に終わってしまい，数ヵ月後には同じトラブルが再発することになると言う。この日常的に実行されるルーティンが，物事の本質や因果関係を洞察するための能力を学習することに結びついているのである。

（3） 組織学習のサイクル

組織学習のプロセスにおける個人の行動と組織の行動は，〔図4-1〕に示す循環関係を持つものとして理解されている。

組織の行動は，環境の反応を引き起こす。その反応を認知した組織のメンバーは，自らの信念に基づいて行動を選択する。このとき，環境の反応に対する個人の解釈や信念は組織のルーティンを枠組みとしている。個人の行動が組織的な行動の選択に結びつくと，新たな反応を環境に起こさせる。それが期待どおりの反応であれば，個人の信念は強化される。予期せざる反応であれば，個人の認識は修正され，この経験によって獲得された知識は組織のルーティンを変化させる。

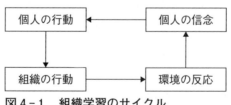

図4-1　組織学習のサイクル
（出所）March and Olsen（1976）に基づいて作成

　しかし，このような組織学習のサイクルは，常に完全な形で遂行されるとは限らない。特に組織の規模が大きくなり，組織内部での分業関係が進展すると，組織学習のサイクルは〔図4-2〕に示す4つのパターンで不完全な形になることがあるとされている（March and Olsen, 1976）。

① 　役割制約的学習（role constrained learning）

　組織のメンバーが環境の変化に対応して採るべき行動を認識しても，組織内部での役割の制約から行動を起こせない状況が生じうる。このように個人の認識が個人の行動に反映されない状況で発生する不完全なサイクルは，役割制約的学習と呼ばれている。この状況では，個人の学習に基づく行動の修正を組織が抑制してしまうのである。環境の変化にも関わらず組織が現状を維持する傾向は，組織の慣性（inertia）と呼ばれており，役割制約的学習は，そのような慣性が働く基礎的要因と考えられている。

② 　傍観者的学習（audience learning）

　組織のメンバーが環境の変化に対応するための行動を起こし，たとえば新事業計画を策定したとしても，最終的な意思決定権限を持つ取締役

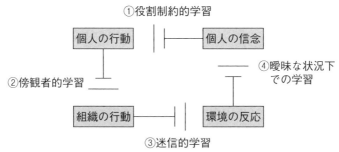

図 4-2　組織学習の不完全なサイクル

（出所）March and Olsen（1976）に基づいて作成

会などが，その事業計画を採用し，コミットメント（積極的な関与）を
しなければ，組織の行動に結びつかない。このように個人の行動と組織
の行動が断絶しているために生じる不完全なサイクルは，傍観者的学習
と呼ばれている。

③　迷信的学習（superstitious learning）

　組織の行動と環境の反応の間に断絶が生じることもある。たとえば，
売上高の低下という環境の変化に対して企業が広告・宣伝費の増加とい
う行動をとった場合，景気回復などの要因によって売上高が回復しても，
広告・宣伝費の増加は売上高を上昇させるという信念が実際の因果関係
とは無関係に強化される[5]。このような断絶がもたらす不完全なサイク
ルは，迷信的学習と呼ばれている。

④　曖昧な状況下での学習（learning under ambiguity）

　環境に発生している変化が漠然としか把握できず，結果的に個人の信
念に影響を及ぼさない状況が生じることもある。たとえば，売上高を回
復させるために企業が広告・宣伝費を増大させたにも関わらず，予期に
反して売上高の低下傾向が止まらず，その原因が特定できないため，組
織のメンバーは信念を修正することもできないといった状況である。こ
のような断絶がもたらす不完全なサイクルは，曖昧な状況下での学習と
呼ばれている。

　以上のように組織学習が不完全なサイクルに陥ると，ルーティンは環
境に対して適合的な変化を遂げることができない。このような状況が，
組織内部での分業関係を安定させた大規模組織において生じやすいとい
う点は，しばしば大企業が組織変革に失敗する原因を理解するための鍵
になるのである。

---

5)　この具体例は，桑田・田尾（1998）による。

（4）　組織学習における探索と活用

　組織学習が完全なサイクルで遂行されたとしても，環境に対する組織の適合プロセスには組織に自己破壊的な結果をもたらすリスクが存在する。すなわち現行のルーティンが組織の要求水準を満たす業績を上げる限り，より優れたルーティンが存在するとしても，組織は現行のルーティンによる経験を蓄積し続け，優れたルーティンによる経験の蓄積が不十分になるという傾向である。レビット（Barbara Levitt）とマーチは，既存の観察事実に基づいて，この傾向を「コンピテンシー・トラップ（competency trap）」と呼んだ（Levitt and March, 1988）[6]。

　マーチは，この傾向を発生させる組織学習のプロセスに関するコンピュータ・シミュレーションを試行した（March, 1991）。このシミュレーションにおいてマーチはルーティンを組織コードと呼び，個人の持つ信念は学習過程を通じて現実に一致すると知識に変換され，組織コードに蓄積されるが，蓄積された知識の活用（exploitation）が進展して全ての組織メンバーが組織コードを共有すると，現実が変化しても信念は変わらないという硬直した状況が発生するため，知識レベルを変化させるには探索（exploration）を活発化させる必要があることを示した。この論文では「コンピテンシー・トラップ」という語は使われていないが，この語はマーチのシミュレーション以後，企業が知識の活用による短期的な利益の追求に傾斜し，知識の探索による長期的な成長の機会を逸する傾向を意味するものとして理解されるようになった[7]。

　組織の生存と成長を維持するためには，コンピテンシー・トラップを回避し，組織学習における探索と活用をバランスよく同時追及しなければならない。しかし，この同時追及は，組織の限られた資源を探索と活用の間で奪い合う状況を生じさせるため，そのようなコンフリクトに陥

---

6)　「コンピテンシー・トラップ」は，「有能性の罠」または「能力の罠」と訳されることがある。

7)　March（1991）のシミュレーションには致命的な欠陥があることが高橋（1998）によって指摘されているが，コンピテンシー・トラップの存在自体は多くの実証研究で確認されている。

らない組織を構築することが課題となる。

　タッシュマン（Michael L. Tushman）とオーライリー3世（Charles A. O'Reilly Ⅲ）は，「両利きの組織」（Ambidextrous Organization）というコンセプトで，探索と活用の同時追及を可能にする組織のあり方を論じた[8]。彼らは，企業の組織規模が大きく複雑になり，その仕組みやプロセスが相互に依存した状態で安定すると，変化に抵抗する「構造的な慣性」が発生することや，成功し成熟した企業では規範・価値観などが制度化された形で深く浸透し，変化に対する障壁となる「企業文化的な慣性」が生じることを指摘し，こうした慣性が探索を担う新規事業などの足枷（あしかせ）になるとした。そのうえで探索と活用の双方を使いこなした成功事例の特徴として，新規事業を担う複数の小規模な組織を既存組織から独立させ，独自の仕組みや組織文化を自主的に育める状態にするとともに，本社部門では，それらの事業が製造やマーケティングなどにおいて全社的な規模のメリットやブランド力を活かせるようにする方針で管理下に置いていたことを挙げている（Tushman and O'Reilly Ⅲ, 1996）。こうした成功事例では，探索と活用という機能の双方が，組織構造の中に埋め込まれていたのである。

（5）　シングル・ループ学習とダブル・ループ学習

　既存の知識を活用する組織学習の効果は，現行のルーティンの修正に止まるが，新しい知識の探索による組織学習は代替的なルーティンの導入に帰結する。

　このように効果の大きく異なる組織学習については，オルタナティブな捉え方がある。アージリス（Chris Argyris）は，「エラーを検出し，修正するプロセス」として端的に組織学習を定義したうえで，〔図4-3〕に示すように，組織の統制変数となる基本方針や目標を維持したま

8）　'ambidextrous' という語は，「双面型」とも訳されている。

図4-3　シングル・ループ学習とダブル・ループ学習
（出所）Argyris（1977）に基づいて作成

ま行為（意図に基づく行動）を起こし，その結果によって不適合な行為を修正していくプロセスを「シングル・ループ学習」，基本方針や目標そのものを見直すことによって行為を変更し，不適合を修正するプロセスを「ダブル・ループ学習」と呼んだ（Argyris, 1977）。

　これと類似した概念に，フィオール（C. Marlene Fiol）とライラス（Marjorie A. Lyles）が提唱した「低次学習」（lower-level learning）と「高次学習」（higher-level learning）がある。低次学習とは，過去の行動の反復を中心とし，組織の部分的な調整に影響を及ぼすルーティン・ベースの学習であり，シングル・ループ学習に対応している。高次学習とは，新しい行動のルールを生み出し，組織全体に影響を及ぼす学習であり，規範や認知的枠組みを変化させるダブル・ループ学習に対応している（Fiol and Lyles, 1985）。

　これらの捉え方において，ダブル・ループ学習や高次学習は，ルーティン・ベースの組織学習とは次元が異なり，ルーティンに対して超越的な組織学習として位置づけられているため，探索による組織学習と同義に理解することはできない。こうした超越的な組織学習プロセスの存在を前提とする理論の問題は，何故ときとして組織学習が不完全なサイクルに陥ったり，優れたルーティンの蓄積が進まなかったりすることが

あるのかを説明できない点にある。

　ただ，こうした超越的な組織学習プロセスの存在は，ルーティン・ベースの組織学習における問題の発生を回避するための手掛かりを与える。たとえば，前述のようにコンピテンシー・トラップは，現行のルーティンが組織の要求水準を満たす業績を上げ続ける限り，より優れたルーティンを組織が採用しないという現象である。このようなトラップに陥っている企業に対して，いくら優れたルーティンを探索する必要性を説いたところで，事態は容易に改善されないであろう。しかし，ダブル・ループ学習は，企業の要求水準自体の見直しを求めることによって，より優れたルーティンの採用を企業に促し，コンピテンシー・トラップから脱け出すための回路を開く可能性を持っているのである。

2. 組織は進化する
──遺伝子としてのルーティン

　企業が環境の変化に適応しながら生存していくという捉え方は，企業ないし産業の変化に対する進化論的なアプローチに展開されている。

　経済学者のネルソン（Richard R. Nelson）とウィンター（Sidney G. Winter）は，カーネギー学派と同様に規則的な行動パターンの全てをルーティンとして定義し，生物学的進化論における遺伝子の役割を果たすものとしてルーティンを位置づけ，その動態をコンピュータ・シミュレーションによって明らかにしようとした（Nelson and Winter, 1982）[9]。彼らによれば，環境による企業の淘汰（selection）は，環境に適応するルーティンによって利潤を生み出す企業を成長させ，適応しないルーティンを持つ企業を撤退させるように作用する。こうして環境に適応したルーティンを持つ企業の成長は，そのルーティンを複製させる結果をもたらす。当該企業の中でルーティンが継続されるだけではなく，

9）　この文献は，進化経済学の基礎を築くものとなった。

そのルーティンを他企業が模倣するようになり，産業レベルでルーティンの複製が進展するのである。

　このように組織の内部でルーティンがメンバーの学習によって維持され，他組織のルーティンも学習の対象になるという相互関係は，組織学習に生態学的な特性があることを示している。実際，カーネギー学派は，主として組織内部でのルーティンを介したメンバー間の相互学習に見られる特性を「学習のエコロジー」と呼称した。他方，組織間での相互関係に着目した研究は，「組織生態学（organizational ecology）」と呼ばれる研究分野を形成することになった。

　組織生態学は，主として複数の組織の集合を意味する「組織個体群（population）」レベルの変化を分析対象とする。これを基礎として組織に対する進化論的なパースペクティブを発展させた社会学者のオルドリッチ（Howard E. Aldrich）は，組織，組織個体群および組織コミュニティの成長過程に関する分析を試みている（Aldrich, 1999）。彼は，Levitt and March（1988）によるルーティンの概念に従って「組織ルーティン」を定義したうえで，組織進化の展開過程を，現行の組織ルーティンの変異（variation），特定の変異の選択もしくは淘汰（selection），選択された変異の保持（retention），および希少な資源の獲得をめぐる組織内および組織個体群間の闘争（struggle）という4つの段階に分けて説明した。ただ，こうした組織生態学に基づく進化論的アプローチは，ルーティンに関する広範な概念を共有しながらもミクロな組織学習のプロセスを対象としていないため，組織レベルの変化に対する分析には限界がある。

3. 能力のある組織とは

(1) ダイナミック・ケイパビリティ

　組織が環境に適応する経験を通じて蓄積するルーティンは，将来にわたって環境に適応するための能力を形成することになる。そのような能力は「組織能力」（organizational capability）と呼ばれ，1990年代以降，研究者や経営実務家の注目を集めてきた。

　組織能力の特性については，様々な概念化が試みられてきた。ハメル（Gary Hamel）とプラハラード（C. K. Prahalad）が提唱した「コア・コンピタンス」は，その1つである。彼らが言うコア・コンピタンスとは，企業が保有する経営資源を組み合わせ，顧客に対して他社が模倣できない独自の価値を提供する中核的な能力を意味している（Hamel and Prahalad, 1994）。

　しかし，企業が一旦ある能力によって競争優位の構築に成功すると，その能力に固執する傾向が生じ，新たな環境の変化に適応できないという硬直性がもたらされることがある。この硬直性は，「コア・リジディティ」と呼ばれている（Leonard-Barton, 1992）。ティース（David J. Teece）らが提唱した「ダイナミック・ケイパビリティ」は，こうした硬直性を克服できるタイプの組織能力である。

　ダイナミック・ケイパビリティとは，「経営環境の変化に対応して，組織の内外にある資源を統合・調整，再構成する能力」である（Teece, et al., 1997）。それは，持続的な競争優位を実現するための新しい事業機会を「感知」する能力や，感知された機会を「捕捉」する能力からなるとされている（Teece, 2007）。

　ここで，感知（sensing）とは，事業機会を識別するために技術や市場を調査することを意味しており，前述の「探索」に当たる活動である。

また，捕捉（seizing）とは，不確実な状況下において資源の統合・調整，再構成を意思決定し，実行する能力である。ティースは，こうした意思決定が適切に行われるためには，事業機会に対する投資のルーティンが必要であるとしている。結局，ダイナミック・ケイパビリティの本質は，環境の変化に適応するルーティンの体系として理解することができるのである。

（2）　ルーティンの体系としての組織能力

　ルーティンの体系としてのダイナミック・ケイパビリティの好例は，米国の3M社の組織文化に見出すことができるであろう。同社にはモーセの十戒に準えて，「汝，アイデアを殺すなかれ」という11番目の戒律が不文律として共有され，明らかな反証材料がない限り社員のアイデアを却下しない組織文化が育まれてきた。

　また，同社には，研究開発部門の社員に勤務時間の15％を自分の関心があるテーマに使うことを許容する「15％ルール」が存在する。同社に収益源をもたらした「ポストイット」に使用されている接着剤は，このルールのもとで，ある技術者が偶然開発したポリマー（高分子化合物）を元にしている。このポリマーは開発当初，何にでも付くが簡単に剥がれる「失敗作」と解釈されていたが，開発した技術者は何かに使えるのではないかと考え，15％ルールの範囲で他の事業部にも紹介していた。1974年のある日，コマーシャル・テープ事業部のマネジャーが，教会で讃美歌集を開いた際に床に落ちた栞を拾い上げながら，栞が落ちないようにできないものかと考え，件のポリマーを想起したことが，ポストイットの開発に結びついたと伝えられている（Collins and Porras, 1994）。

　こうした3M社のルーティンは，イノベーションを指向する他の企

業によって学習され，15％ルールと類似の不文律を導入した事例は少な
からず存在する。しかし，３Ｍ社の15％ルールは，アイデアを尊重す
る同社の組織文化として根付いたルーティンであるからこそ能力を発揮
させるのであり，そのルールとしての外形のみを他社が模倣しても同様
の効果が直ちに得られる訳ではない。このようなルーティンの体系とし
ての組織能力は，模倣困難であるがゆえに，保有する企業にとっては持
続的な競争優位の源泉となる。しかし，他社に学習され難いルーティン
の特性は，産業レベルの変化をもたらすうえでの制約にもなるのである。

　ここで言及した組織能力とイノベーションの関係については，第８章
でさらに理解を深めることにしよう。

学習課題

(1)　Tushman and O'Reilly Ⅲ（1996）は，探索と活用の同時追及に成
　　功した事例として，ゼンマイ式時計メーカーであったセイコー（当時，
　　諏訪精工舎）が，1960年代の半ばに世界初のクォーツ式時計の開発に
　　成功し，ゼンマイ式もクォーツ式も扱うメーカーに変身したことを挙
　　げている。当時，セイコーがどのような組織体制でクォーツ式の開発
　　に取り組んだのかを調べてみよう。

(2)　「Ｐ（Plan：計画）Ｄ（Do：実行）Ｃ（Check：評価）Ａ（Act：改
　　善）サイクル」として知られる業務改善方法は，日本の様々な組織で
　　導入されているが，その本質はシングル・ループ学習であり，本来，
　　導入に適した領域は環境が安定しており目標が明解で単純な業務に限

られている。PDCA サイクルが適さない業務領域に導入すると，どのような問題が発生しうるかを考えてみよう。

参考文献 ▎

・桑田耕太郎，田尾雅夫『組織論』有斐閣アルマ，1998年
・塩次喜代明，高橋伸夫，小林敏男『経営管理』有斐閣アルマ，1999年

引用文献 ▎

・Aldrich, H. E.（1999）*Organizations Evolving*, Sage Publications.（若林直樹，高瀬武典，岸田民樹，坂野友昭，稲垣京輔訳『組織進化論』東洋経済新報社，2007年）
・Argyris, C.（1977）Double Loop Learning in Organization, *Harvard Business Review*, September-October, 115-126.（有賀裕子訳「ダブル・ループ学習とは何か」『ダイヤモンド・ハーバード・ビジネス』2007年4月号，100-113.）
・Collins, J. C. and J. I. Porras.（1994）*Built to Last: Successful Habits of Visionary Companies*, William Collins.（山岡洋一訳『ビジョナリーカンパニー』日経BP出版センター，1995年）
・Cyert, M. C. and J. G. March.（1963）*A Behavioral Theory of the Firm*, Prentice-Hall.（松田武彦，井上恒夫訳『企業の行動理論』1967年，ダイヤモンド社）
・Fiol, C. M. and M. A. Lyles.（1985）Organizational Learning, *The Academy of Management Journal*, 10(4), 803-813.
・Hamel, G. and C. K. Prahalad.（1994）*Competing for the Future*, Harvard Business School Press.（一條和生訳『コア・コンピタンス経営』日本経済新聞社，1995年）
・Leonard-Barton, D.（1995）*Wellsprings of Knowledge: Building and Sustaining the Sources of Innovation*, Harvard Business School Press.（阿部孝太郎，田畑暁生訳『知識の源泉──イノベーションの構築と持続』ダイヤモンド社，2001

年)

・Levitt, B. and J. March.（1988）Organizational Learning, *Annual Review of Sociology*, 14, 319-340.

・March, J.（1991）Exploration and Exploitation in Organizational Learning, *Organization Science*, 2, 71-87.

・March, J. and J. Olsen.（1976）*Ambiguity and Choice in Organizations*, Universitetsforlaget.（遠田雄志, アリソン・ユング訳『組織におけるあいまいさと決定』有斐閣, 1986年）

・March, J. and H. Simon.（1993）*Organizations*, Second Edition, John Wiley & Sons.（高橋伸夫訳『オーガニゼーションズ（第2版）』ダイヤモンド社, 2014年）

・Nelson, R. R. and S. G. Winter.（1982）*An Evolutionary Theory of Economic Change*, Harvard University Press.（後藤晃, 角南篤, 田中辰雄訳『経済変動の進化理論』慶應義塾大学出版会, 2007年）

・大野耐一（1978）『トヨタ生産方式―脱規模の経営をめざして』ダイヤモンド社

・Senge, P. M.（1990）*The Fifth Discipline: The Art & Practice of the Learning Organization*, Broadway Business.（枝廣淳子, 小田理一郎, 中小路佳代子『学習する組織』英治出版, 2011年）

・高橋伸夫（1998）「組織ルーチンと組織内エコロジー」『組織科学』32(2), 54-77.

・Teece, D. J.（2007）Explicating Dynamic Capabilities: The Nature and Microfoundations of（Sustainable）Enterprise Performance, *Strategic Management Journal*, 28(13). 1319-1350.（谷口和弘, 蜂巣旭, 川西章弘, ステラ・S・チェン訳『ダイナミック・ケイパビリティ戦略』ダイヤモンド社, 2013年第1章所収）

・Teece, D. J., G. Pisano and A. Shuen.（1997）Dynamic Capabilities and Strategic Management, *Strategic Management Journal*, 18(7), 509-533.

・Tushman, M. L. and C. A. O'Reilly Ⅲ（1996）Ambidextrous Organizations: Managing Evolutionary and Revolutionary Change, *California Management Review*, Summer, 8-30.

5 | 企業の資金調達

齋藤　正章

《**学習目標**》　企業活動を財務面から見た場合，資金調達は経営活動の出発点であると言える。資金の調達源泉には様々なものがあるが，これらを整理するには企業が作成する貸借対照表の右側（貸方）に当てはめて考えるとよい。

《**キーワード**》　直接金融，間接金融，企業間信用，自己金融（内部留保），普通株式，種類株式，普通社債，新株予約権付社債，減価償却

1. 企業活動と「カネの流れ」

　私たちは消費者として日々，企業が提供するモノやサービスを購入して暮らしている。モノ，つまり製品は，メーカーで生産される。メーカーは生産のために，ヒトを雇い，生産に必要とされる原材料等を購買する。生産された製品は卸売業者に販売され，次に小売業者に販売され，やがて私たちの手元に届く。これが「モノの流れ」で，比較的理解しやすいだろう。

　一方，サービスはその場もしくは後で生み出され，消費されるもので，具体的な形がないことが特徴である。人やモノの輸送や修理・メンテナンス等がサービス業の代表的なものである。

　こうしたモノやサービスの流れを支えているのが「カネの流れ」である。この「カネの流れ」とは，資金を調達し，モノやサービスの生産に必要な資源を購入して価値を生み出し，その対価を取引先や顧客から回収し，様々な利害関係者に分配するまでの一連の流れを言う。企業の中

で「カネの流れ」を記録し，管理するのが経理部や財務部と呼ばれる部署で，そこで行われる機能を会計と呼ぶ。本章では，「カネの流れ」の起点である資金調達について説明する。

2. 資金調達の種類

前述のように，企業の経営活動を財務面からみると，資金を調達してこれを運用し，利害関係者に再配分する活動であると言える。この資金の調達と運用を表すために作成される計算書類が貸借対照表である。

〔図5-1〕のように資金調達は貸借対照表の右側（貸方^{かしかた}）で表現される。負債は，将来，返済する約束で調達された資金源泉であり，債権者持分ないし他人資本とも呼ばれる。純資産は，株主（所有者）から調達された資金源泉であり，資産の総額から負債の総額を控除して求められ，株主持分ないし自己資本とも呼ばれる。資金を他人資本で調達するか，自己資本で調達するかは，負債と純資産の比率（資本構成という）を決定することでもある。資本構成のあり方は，企業の財務安全性をはかる1つの尺度となる。この点については，次章で解説する。

資金調達の方法と貸借対照表で表示される科目を対比すると〔図

図5-1　資金の調達と運用（貸借対照表）

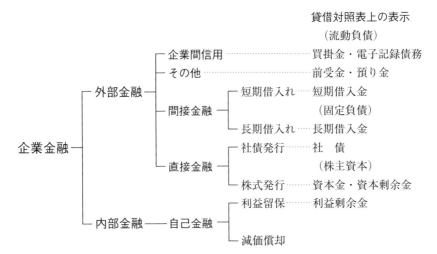

図 5-2　資金調達の種類と貸借対照表上の表示

〔図 5-2〕のようになる。以下，〔図 5-2〕に従って，各種の資金調達方法について解説しよう。

3. 外部金融と内部金融

　企業の資金調達を企業金融（ファイナンス）と言う。企業金融は，外部金融と内部金融に大別される。外部金融は，企業外部から資金調達する方法で，直接金融，間接金融，企業間信用，その他に細分される。ここで，直接金融とは，資本市場から投資家の資金を直接調達する方法を言う。具体的には，株式による株主資本の調達や社債といった負債による調達が挙げられる。また，間接金融とは，金融機関を通じて市場から間接的に資金調達する方法を言う。

　内部金融は，自己金融ともいい，企業内部で資金調達する方法のことである。これには減価償却と利益留保がある。内部調達なので，配当金

や利息の支払いのないことが特徴である。また，その調達額には限界が
ある。なお，減価償却額は，貸借対照表の負債の部，純資産の部いずれ
にも表示されない。よって，厳密には内部金融に減価償却を含めないこ
ともある。

4. 株式発行による資金調達

（1） 株式発行と株主の権利

　株式発行による資金調達は，まず企業の設立時に行われ，その後は増
資という形で行われる。ここで，株式とは株式会社の資本金と資本剰余
金の構成単位で証券化されたものを言う。株式発行によって調達された
資金は，企業の清算などの特別な場合を除き，資金提供者である株主へ
の返還義務がないことから，企業における最も安定した資金であると言
える。一方，株式の所有者である株主は，企業の所有者としての性格を
有する。また，株主は資金提供と引換えに，基本的な３つの権利を手に
入れる（会社法105条）。

① 剰余金の分配を受ける権利

② 残余財産の分配を受ける権利

③ 株主総会における議決権

　ここで，「剰余金の分配を受ける権利」とは剰余金に対して株主が配
当を受取る権利を言う。次に「残余財産の分配を受ける権利」とは，企
業が倒産したり解散する場合に，すべての債務を返済した後の残余財産
の分配を受ける権利を言う。最後に「株主総会における議決権」とは，
株主が株主総会に参加し，経営に参加する権利を言う。

　また，会社法105条第２項では，①および②の権利については，「その
全部を与えない旨の定款の定めは，その効力を有しない」としている。

（2）　株式の種類

　株主に付与される３つの権利を満たす株式を普通株式と言う。それに対し，これらの権利に何らかの限定がついているものを種類株式と言う。種類株式について，会社法第108条は，次の９つを規定している（ただし，⑨については委員会設置会社及び公開会社については発行不可とされている）。

①　剰余金の配当

②　残余財産の分配

③　議決権制限株式

④　譲渡制限株式

⑤　取得請求権付株式

⑥　取得条項付株式

⑦　全部取得条項付株式

⑧　拒否権付株式

⑨　取締役，監査役の選任・解任権付株式

　①，②については，優先株式と劣後株式が挙げられる。優先株式とは，配当や残余財産の分配に関して普通株に優先する権利が認められている株式である。ただし，株主総会における議決権は認められない。また，劣後株式は，普通株に比べ，配当や残余財産の分配に関して劣後的に扱われる株式で後配株式とも言う。

　③は，株主総会において議決権を行使することができる事項を定めた株式を言う。④は，譲渡による当該種類の株式の取得について当該株式会社の承認を要する株式を言う。⑤は，当該種類の株式について，株主が当該株式会社に対してその取得を請求することができる株式を言う。⑥は，当該種類の株式について，当該株式会社が一定の事由が生じたことを条件としてこれを取得することができる株式である。⑦は，当該種

類の株式について，当該株式会社が株主総会の決議によってその全部を取得することができる株式を言い，⑧は，株主総会において決議すべき事項のうち，当該決議のほか，当該種類の株式の種類株主を構成員とする種類株主総会の決議があることを必要とする株式を言う。⑨は文字通り役員の解任権付株式である。

　企業はその目的に応じて，普通株式および種類株式を発行して資金調達を行うのである。

5.　社債による資金調達

（1）　社債とは

　社債とは，企業が必要とする資金を大量に集めるために発行する，一定単位に細分された債券のことを言う。社債は負債であるので，企業収益に関らず約定された一定の利子を支払わなければならない。また，満期日には調達価額に関係なく，社債券面に記された社債金額を償還しなくてはならない。

　社債は，発行に当たって一定の条件が決められる。主要な条件としては以下のものが挙げられる（会社法第676条より抜粋）。

　　①　募集社債の総額
　　②　募集社債の利率
　　③　募集社債の償還の方法及び期限
　　④　各募集社債の払込金額（各募集社債と引換えに払い込む金銭の額を言う。若しくはその最低金額又はこれらの算定方法）

　ここで，募集社債とは，企業の募集に応じてその社債の引受けの申込みをした者に対して割り当てる社債を言う。①は，満期において償還される社債金額（額面）の総額である。②は，クーポン・レートとも言い，額面金額にこれを掛けることによって利息の支払額が計算される。③は，

満期償還か途中償還か，および償還期日（満期日）を言う。④は，発行
価額（額面発行か割引発行か）についてである。

（2）　社債の種類

　社債は，権利のあるなしといった性質によって，普通社債と新株予約
権付社債とに分けられる。普通社債とは，特殊な権利の付与されていな
い社債で，一般に社債と言うとこの普通社債を指すことが多い。新株予
約権付社債は特定の権利が付与された社債のことを言う。また，社債は，
物上担保が付されているか否かにより，担保付社債と無担保社債に分け
られる。最近では，無担保社債の起債条件が徐々に緩められていること
もあって，無担保社債の割合が増えてきている。さらに，募集形態によ
り公募債と私募債，券面などの形態により記名式と無記名式，利払方式
によって利付債と割引債とに分類される。

　新株予約権付社債に付与される新株予約権とは，社債権者があらかじ
め定められた一定期間（行使請求期間）内に，一定価格（行使価格）で
新株を購入できる権利を言う。新株予約権付社債は，新株予約権を行使
した払い込み方法によって二種類に分けられる。1つは，新株予約権の
行使に伴って新株取得に必要な金額を新たに払い込むもので，権利行使
後の新株予約権付社債は普通社債となる。企業にとっては新株発行額分
の増資となる。もう1つは，新株予約権付社債の金額が新株の払い込み
に充当されるもので，これは社債が資本金（もしくは資本剰余金）に転
換されたと見ることができる。この場合，社債権者の権利行使は企業に
とって新たな資金調達とはならない。

6. 銀行借入れによる資金調達

　銀行等からの借入れによる資金調達は，企業と資金提供者との間に直

接的な関係がないため間接金融と呼ばれる。借入金は弁済義務があるので，借入期間（1年以内，1年超）によって流動負債，固定負債に分類される。銀行借入れは，社債発行に比べると手続きが簡単で，また中小企業のように社債発行が困難な場合もあり，多くの企業にとって最も身近かつ重要な資金調達手段となっている。

　銀行借入れの方法には，証書借入れ，電子記録債務による借入れ，電子記録債権の売却，当座借越がある。証書借入れとは，企業と銀行の間で借用証書を交わして資金を調達する方法で，通常は貸手に担保が提供される。電子記録債務による借入れは，電子記録債務によって金銭貸借を行う方法である。電子記録債権の売却とは，満期日前に銀行等に電子記録債権を買取ってもらい，電子記録債権を現金化することである。当座借越とは，企業が小切手の振出しや決済をスムーズに行うために，当座預金勘定の残高が一時的にゼロになった場合でも，一定限度内であれば決済を可能にする当座借越契約を銀行と結び，不足額を銀行に支払ってもらうことを言う。このうち，証書借入れは長期資金の調達に，それ以外の方法は短期資金の調達に利用されることが多い。

7. 企業間信用，その他の資金調達

（1）　企業間信用

　企業間取引では，代金決済を現金ではなく信用で行うことが多い。つまり，後払いの約束で商品を仕入れたり，後受取りの約束で商品を販売するのである。商品の仕入れによって生じる債務を仕入債務と言い，買掛金と電子記録債務がある。仕入債務は，支払いを猶予されている状態なので，信用を供与されている間はその金額だけ資金調達をしたのと同じ効果がある。一方，商品の販売によって生じる債権を売上債権と言い，売掛金と電子記録債権がある。この場合，相手企業に資金を融通するの

と同様の効果がある。したがって，信用取引による資金調達額は，仕入債務から売上債権を控除した額となる。

（2）　前受金・預り金

　商品売買で信用取引が行われる一方で，商品購入を確実にするために，商品売買に先だって商品代金の一部または全部を予約金（あるいは内金）として授受することがある。この予約金の受払いに際しては，受取側は相手側に商品を引渡す義務が発生する。この債務を前受金と言う。前受金も商品を引き渡すまで，その金額を資金調達したのと同じ効果を持つ。また，従業員等が企業外部の関係者に本来支払うべき資金を企業が一時的に預かった場合には，従業員等に代わって外部者に支払う義務が生じる。たとえば，従業員の健康保険料や所得税の源泉徴収額を預かった場合が挙げられる。この債務を預り金という。預り金も企業外部への支払いが行われるまで，その金額を資金調達したのと同じ効果を持つ。

8.　自己金融による資金調達

（1）　利益の内部留保

　企業が生み出した利益は，配当などによって社外に流出しなければ企業内に留保される。これを利益の内部留保と言い，その金額を留保利益と言う。留保利益分だけ資産の運用が行われる，つまり事業に再投資されていると考えられるので，その分の資金調達効果がある。留保利益は，外部金融とは違い，資金の返済や利息や配当金の支払いがないことから，最も安定した資金源であると言える。しかし，当期利益や配当政策によって大きく影響を受けるのも特徴である。

（2） 減価償却

　減価償却とは，土地を除く有形固定資産の使用可能額を使用期間内に費用として配分する手続きを言い，計算される費用を減価償却費と言う。具体的には，減価償却費を計上し，その分だけ有形固定資産の評価額を減少させる。減価償却の手続きは，適正な期間損益計算を行うために行われるのであるが，財務的には減価償却費に相当する現金支出は存在しない。したがって，減価償却費相当額が企業内部に留保されることになり，同額の資金調達効果が生じる。しかし，減価償却資金は，有形固定資産が流動資産化したものなので，新たな資金を調達した訳ではない。つまり，貸借対照表の貸方合計額は増加しない。そのため，減価償却は厳密な意味で資金調達とは言えないのである。

9. 日本企業の資金調達の現状

　わが国企業の資金調達はどのようになっているだろうか。財務省の『財政金融統計月報』における「法人企業統計年報」によれば，2010年以降，全体的な傾向として短期借入金，長期借入金といった間接金融が若干減少し，内部留保が増加している。また，内部留保，長期借入金の割合が高いことも指摘できる。製造業と非製造業を比較すると，製造業の方がさらに内部留保が厚い。これは，製造業が生産設備等の有形固定資産に依存しており，この有形固定資産を支えるために安定した資金源として最も望ましい利益の内部留保が選好されていると解釈することができる。

学習課題

(1) 直接金融と間接金融について整理し，それぞれのメリット・デメリットについて考えてみよう。
(2) 企業が負債による調達と純資産（資本）による調達を選択するときに，決め手となる要因は何か考えてみよう。

参考文献

・中島真志（2015）『入門 企業金融論：基礎から学ぶ資金調達の仕組み』東洋経済新報社

6 | 財務情報とその活用

齋藤　正章

《学習目標》 企業の財務諸表には何があるか，各財務諸表の構成はどうなっていて何を表しているかについて理解しよう。また，財務諸表分析の目的と手法についても整理することが大切である。
《キーワード》 貸借対照表，損益計算書，貸借対照表等式，1年基準，営業循環基準，ROA，ROE，流動比率，固定比率，自己資本比率，インタレスト・カバレッジ・レシオ

1. 財務諸表とは何か

　前章では，企業活動には「モノの流れ」と「カネの流れ」があることを説明した。経営とはこの2つの流れを「ヒト・情報」とうまく連携させ，スムースに大きく流れさせることにあると言える。この企業が行った資金の調達と運用という経営活動の成果は，財務諸表という計算書類に集約される。投資家等から資金を供給されている企業には，財務諸表を定期的に作成し，報告する義務が課せられている。報告が義務づけられている財務諸表には貸借対照表，損益計算書，キャッシュ・フロー計算書等があるが，本章では基本的かつ重要な貸借対照表，損益計算書について解説する。

（1）　貸借対照表

　貸借対照表〔表6-1〕はバランス・シートとも呼ばれ，一定時点（年度末，中間期末，四半期末）における会社の財政状態を表し，資産，

表6-1 貸借対照表

貸借対照表 (単位：百万円)

資産の部	第×1期	第×2期	負債・純資産の部	第×1期	第×2期
Ⅰ 流動資産			Ⅰ 流動負債		
現金・預金	400	200	買掛金	550	600
売掛金	700	850	短期借入金	500	400
棚卸資産	250	300	流動負債合計	1,050	1,000
前払費用	200	50	Ⅱ 固定負債		
流動資産合計	1,550	1,400	長期借入金	600	800
Ⅱ 固定資産			負債合計	1,650	1,800
有形固定資産	3,000	3,600	Ⅲ 純資産		
減価償却累計額	△1,750	△2,000	資本金・資本剰余金	850	850
固定資産合計	1,250	1,600	利益剰余金	300	350
			純資産合計	1,150	1,200
資産合計	2,800	3,000	負債・純資産合計	2,800	3,000

負債および純資産から構成される。資産は会社の資金がどのように運用されているかを表し，一方負債および純資産はその資金をどのようにして調達しているかを表す。負債は，将来，返済する約束で調達された資金源泉であり，債権者持分ないし他人資本とも呼ばれる。純資産は，株主（所有者）から調達された資金源泉であり，資産の総額から負債の総額を控除して求められる。また，資産は負債および純資産の合計と常に等しくなる。これを貸借対照表等式と言う。

$$資産 = 負債 + 純資産$$

資産は，「1年基準」と「営業循環基準」によって流動資産と固定資産に区分される。1年基準とは，1年以内に現金化ないし費用化される

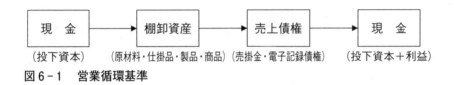

図6-1　営業循環基準

ものを流動資産，1年以上を要するものを固定資産とする基準である。営業循環基準とは，営業循環の過程（現金が営業活動に投下され回収されるまで）〔図6-1〕にあるものはすべて流動資産とする基準である。負債も同様の基準によって流動負債と固定負債に区分される。流動資産から流動負債を控除した差額を正味運転資本という。純資産のうち，資本金と資本剰余金は株主の拠出額（元金）を表し，利益剰余金は，企業が獲得した利益（果実）のうち株主に分配せずに社内に留保している金額を表す。

（2）　損益計算書

　損益計算書〔表6-2〕は，一定期間（1年，半年，四半期）の経営

表6-2　損益計算書

損益計算書（第×2期）（単位：百万円）

Ⅰ	売上高	10,000
Ⅱ	売上原価	7,500
	売上総利益	2,500
Ⅲ	販売費・一般管理費	2,140
	営業利益	360
Ⅳ	営業外費用	
	支払利息	60
	税金等調整前当期純利益	300
	法人税等（30%）	90
	当期純利益	210

成績を明らかにする報告書である。企業活動によって1期間にどれだけの収益が獲得され，そのためにどれだけの費用が発生したかを対応させ，収益から費用を控除して純利益（ないし純損失）が算出される。純利益（純損失）は，資本の増加（減少）要因である。損益計算書で計算される純利益は，売上総利益，営業利益，経常利益，税金等調整前当期純利益，当期純利益の5つである。売上総利益は，粗利益とも言い，会社の本業となる商品販売やサービス提供により得られる直接的な利益であり，売上高から売上原価をマイナスして求められる。営業利益は，売上総利益から販売費及び一般管理費をマイナスして求められる。その会社の本来的な営業活動から得られる利益である。経常利益は，営業利益に営業外収益（受取利息，受取配当金，有価証券売却益，その他）をプラスし，営業外費用（支払利息，電子記録債権売却損，有価証券売却損，その他）をマイナスして求められる。税引前当期純利益は，経常利益に特別利益（前期損益修正益，固定資産売却益，その他）をプラスし，特別損失（前期損益修正損，固定資産除売却損，その他）をマイナスして求められる。数値例では特別損益項目が無いため経常利益と同じになっている。当期純利益は，税引前当期純利益から法人税・住民税及び事業税をマイナスして求められる。当該期間の企業の最終的な利益で，この利益が出資者への分配と内部留保の対象となる。

2. 財務諸表分析

　貸借対照表や損益計算書といった財務諸表から過去に行われた経営を読み取る作業を財務諸表分析と言う。以下では様々な財務諸表分析を紹介する。

（1） 財務諸表そのものの分析

　最初に，貸借対照表・損益計算書・キャッシュ・フロー計算書といった財務諸表そのものから様々な情報を読み取ることが重要である。財務諸表は日本語で書かれているものの，前述のとおり，各種のルールにのっとって作成されている。そのルールを理解し，わからない項目を自ら調べることによって，何気なく見ていた財務諸表も意外な情報があふれていることに気づくだろう。まずは，「なぜ，何」といった疑問点から出発してみよう。

（2） 比較による分析

　複数の数値や指標を比較することで，分析対象となる企業を相対的かつ客観的に分析することができる。比較の対象は，前年度の実績や予算，同業他社等様々である。比較分析には次の2つの方法がある。

① 時系列分析法

　時系列分析法とは，分析対象とする企業の財務諸表数値を何期間かにわたって順を追って連続的に分析する方法を言う。

② クロスセクション分析法

　ある一定時期を定め，分析対象企業の数値を同業他社の数値や業界平均あるいは標準値と比較する分析方法である。

　実際の分析に当たっては，どちらの分析を採用するかではなく，両方の方法を採用することにより，財務諸表分析がより詳細で完全なものに近づくと言える。

（3） 実数分析法と比率分析法

　実数分析法は，貸借対照表・損益計算書といった財務諸表そのものか

ら様々な情報を読み取ることであり，絶対分析法とも呼ばれる。たとえば，当期の売上高から前期の売上高を控除して，売上高にどれだけの増減が生じたかを分析する方法である。

比率分析法は，財務諸表の数値を比率にして分析する方法で，たとえば，当期の売上高から前期の売上高を控除したものを前期の売上高で割って，売上高成長率（増収率）を計算する。比率分析は，その比較容易性から最も広く行われ，かつ重要な方法である。しかし，比率の持つ性質をよく理解して利用しなくてはならない。一例を挙げると，ある大学において「留学生が前年度と比べて200％増だ。」というと，学生総数に占める留学生比率が相当増加するイメージを持ちがちだが，実際は1名から3名に増加しただけということもある。このとき学生総数が100名だとすると，対留学生比率は1％から3％へ2％だけ増加したことになる。

3. 財務指標による分析

財務諸表を分析して何を明らかにするかによって，主として収益性の分析，安全性の分析，効率性の分析に分類することができる。

収益性の分析とは，利益の獲得がいかに行われているかに関する分析である。企業はまず利益を上げなければならないから，収益性の分析は最も重要な分析となる。

安全性の分析は，会社の支払能力に関する分析である。支払能力とは，負債を返済するための資金繰り状況を言う。短期的な支払能力を流動性，長期的な支払能力を財務安全性と区別することもある。

効率性の分析とは，企業がいかに効率的に経営を行っているかを分析する。ここで，効率性とは，投下された資金が効果的に利用され，収益を生み出しているかどうかを言う。

　財務諸表分析の目的の違いは，利用者の視点の違いと言える。株主の立場からは，企業の収益性や効率性および成長性が重視されるだろうし，元金と利息の支払能力に関心のある債権者の立場からは，収益性だけでなく安全性が重視されるのである。

（1）　収益性の分析

　利益を獲得する能力を収益性と言う。利益の絶対額は規模の影響を受けるから，利益額だけでなく，それを獲得するのにどれだけ資本が投入されているかを同時に考慮しなければならない。つまり，収益性の良しあしはアウトプット（利益）とインプット（投下資本）を対比して判断される。これを資本利益率（ROI：return on investment）と言う。

$$資本利益率（\%）=\frac{利益}{平均資本}\times 100$$

　分母の平均資本とは（期首資本＋期末資本）÷2で計算される。平均を採るのは，分子が損益計算書の数値（フロー情報）に対し，分母が貸借対照表の数値（ストック情報）であるので，ストック情報を擬似的にフロー化し，分母分子の数値の対応関係を一致させるためである。

　ところで，資本利益率とひとくちに言っても，資本には他人資本，自己資本（株主資本），あるいはその合計の総資本があるし，利益にも上述のように，売上総利益，営業利益，経常利益，税金等調整前当期純利益，当期純利益がある。このように，資本と利益の組み合わせは複数存在するが，ROA，ROEという2つの特に重要な資本利益率について取り上げよう。

①　ROA：総資産利益率

　企業が使用する資本は株主資本と債権者から調達した資本（他人資本）である。この2つの資本の合計を総資本と言い，同じ金額で総資産

として運用されている。経営の立場からは，使用資本の全体に対していかに利益を獲得したかを測定する収益性指標が有用となる。それが総資産利益率（ROA：return on asset）であり，次のように定義される。

$$総資産利益率（\%）＝\frac{営業利益}{平均総資産}×100$$

分母の総資産に対する利益としては，負債のコストや税金を控除する前の営業利益が選ばれている。営業利益の代わりに経常利益が使われることも多い〔表6-1〕及び〔表6-2〕の数値でROAを計算すると，12.4％となる（360÷(2,800＋3,000)/2）。

② 　ROE：株主資本利益率

株主に帰属する利益は当期純利益であり，株主が提供しているのは株主資本（自己資本）であるから，株主にとって最も重要な収益性指標は，次式で定義される株主資本利益率（ROE：return on equity）である。

$$株主資本利益率（\%）＝\frac{当期純利益}{平均株主資本}×100$$

この比率によって，株主の投下資本がどれほど有効に使われているかを判断することができる。1年間に行われたすべての企業活動の結末がこの数値に集約されるという意味において，ROEは最も包括的な収益性指標と言える。数値例では，17.9％と計算される（210÷(1,150＋1,200)/2）。

（2）　安全性の分析

企業にとって，利息の支払は債権者に約束したものであるから，利益がどのように変動しようと，固定的に発生する。その限りでは債権者はリスクを負担しない立場にある。しかし，企業が倒産すると，利息だけでなく元金の回収も困難となるから，債権者は回収不能リスクを負って

いる。財務の安全性を分析する目的は，債権者の立場から，債務の弁済能力を明らかにすることにある。

　短期の返済能力（流動性）は，近い将来に返済を要する流動負債とその支払手段となる流動資産のバランスによって表される。これを流動比率と言う。

$$流動比率（％）= \frac{流動資産}{流動負債} \times 100$$

　数値例（第×2期）では，140％と計算される（1,400÷1,000）。流動比率が100％未満である場合，短期の支払能力に疑問符がつく。近年では130％を超えていることが望ましいとされる。しかし，流動資産の中には，販売過程を経なければ現金化されない資産（棚卸資産）や現金回収を予定しない資産（前払資産）が含まれているので，流動性をより厳格に判断するには，それらを除外する必要がある。この比率を当座比率という。

$$当座比率（％）= \frac{当座資産}{流動負債} \times 100$$

　当座資産には，現金預金，短期有価証券，売上債権が含まれる。当座比率は，酸性試験比率ないしクイック・レシオとも呼ばれる。この比率は100％を超えることが望ましいと言われる。数値例では，105％と計算される（（200＋850）÷1,000）。

　流動性を表すこれらの指標は，一定水準を上回ることが要求されるが，高ければ高いほど良いというものではない。増資などによって現金保有額を大きくすれば流動性を高めることはできる。しかし，資本の利用には必ずコストが発生するから，必要以上に流動性を高めるのは好ましくない。つまり，どの程度の安全性を追求するかは，収益性の観点から判断すべきである。

　短期の支払能力を改善できるか否かは，直接的には，長期資金を潤沢に調達できるかどうかにかかっている。また，固定資産をどのような資金源泉で賄うかもそれに大きな影響を与える。固定資産は，減価償却という手続を経て回収されるから，現金化に長期間を要する資産である。その購入資金を返済期日が早期に到来する短期の借入金で賄うとすれば，即座に流動性の低下を招くから，返済の必要がない資金源泉（自己資本）で賄うのが最良であろう。したがって，自己資本に対する固定資産の割合が長期的な財務の安全性を判断する指標となる。これを固定比率と言う。

$$固定比率（\%）= \frac{固定資産}{自己資本} \times 100$$

　この比率は100％以下であるのが望ましい。数値例では，133.3％と計算される（1,600÷1,200）。しかし，わが国の平均的な企業がそうであるように，負債依存度が高い資本構成のもとでは，この数値だけでは実態を見誤るおそれがある。社債などの固定負債で固定資産投資を賄うケースが大いにあり得るからである。そのため，分母に固定負債を加えて修正する方法が用いられる。これを固定長期適合率と言う。

$$固定長期適合率（\%）= \frac{固定資産}{固定負債 + 自己資本} \times 100$$

　数値例で計算すると，80.0％となる（1,600÷(800＋1,200)）。

　資本構成を測る指標として，負債比率の他に自己資本比率という尺度もよく用いられる。これは，総資本に占める自己資本の割合である。

$$自己資本比率（\%）= \frac{自己資本}{総資本} \times 100$$

　数値例では，40.0％と計算される（1,200÷3,000）。

　以上述べた安全性の比率はどれも貸借対照表数値を利用したストック

情報であった。これに対し，営業活動の成果によって，利息の支払をカバーできているかどうか損益計算書数値を利用したフロー情報が注目を集めるようになってきている。企業は元金や利息の支払ができなくなったとき，つまり，債務不履行に陥ったときに倒産するからである。本業で稼ぐ利益によって利息を支払う余裕がどれほどあるかを測定する指標が，インタレスト・カバレッジ・レシオである。

$$\text{インタレスト・カバレッジ・レシオ（倍）} = \frac{\text{営業利益}}{\text{支払利息}}$$

数値例では，6倍と計算される（360÷60）。

（3） 効率性の分析

　企業に投下された資金が効果的に利用され，収益を生み出しているかどうかを測定するのが効率性の分析である。

　資産利用の効率性を測る尺度として，総資産回転率がある。この指標は，総資産1円当りどれだけの売上高を生み出せるかを表す比率である。

$$\text{総資産回転率（回）} = \frac{\text{売上高}}{\text{平均総資産}}$$

「総資産＝総資本」なので，総資本回転率と呼んでもよい。

　前述のROAは，売上高を媒介にすると，総資本回転率と売上高営業利益率の2つの比率に分解される。

$$\text{総資産利益率（％）} = \frac{\text{売上高}}{\text{平均総資産}} \times \frac{\text{営業利益}}{\text{売上高}} \times 100$$

　売上高営業利益率は，売上高1円当りどれだけの営業利益が獲得されるかを表す比率であるから，採算性の良し悪しを測る尺度になる。数値例では，それぞれ3.4倍（10,000÷（2,800＋3,000）/2），3.6％（360÷10,000）と計算される。総資本回転率と売上高営業利益率のいずれの比率も高く

なるほど，ROA は増大する。それぞれの値は業種によって異なるが，一方を高めようとすると他方の低下を招くという背反関係にあるのが通例なので，それをいかに打破するかが経営の課題となる。

4. 財務諸表の入手

　財務諸表を分析するには，財務諸表を入手しなくてはならない。身近な入手先として有価証券報告書がある。有価証券報告書は誰でも閲覧できるように金融庁が開設している EDINET という Web サイトから入手できる〔図 6-2〕。ここで，EDINET とは，「金融商品取引法に基づく有価証券報告書等の開示書類に関する電子開示システム」のことを言う。読者は実際に EDINET にアクセスし，関心のある企業の有価証券報告書を入手し，次章で説明する情報非対称性を解消しようという取り組みを実感してほしい。

図 6-2　EDINET の検索画面の例

学習課題

⑴ EDINET から興味のある企業の有価証券報告書を入手し，実際の
　財務諸表を見た感想を書き出してみよう。
⑵ 有価証券報告書の冒頭にある「主要な経営指標」の数値を財務諸表
　で確認したり，実際に計算してみよう。

参考文献

・大塚宗春，佐藤紘光（2009）『ベーシック財務管理（第二版)』同文舘出版

7 | コーポレート・ガバナンスと監査制度

齋藤　正章

《**学習目標**》　投資家と経営者の間にある潜在的な利害対立を理解し，その解消の視点としてコーポレート・ガバナンスを理解しよう。また，監査の基本的な構造と機能を理解したうえで，法定監査や内部監査の機能について理解することを目的としている。
《**キーワード**》　コーポレート・ガバナンス，法定監査，監査役監査，公認会計士監査，監査委員会監査，監査等委員会監査，内部監査，三様監査

1. エイジェンシー関係と情報非対称

　「資本と経営」が分離した現代の株式会社においては，経営の実権は専門経営者に委ねられているので，経営者が株主と同じ意識を持って経営しているかどうかが重大な関心事となる。株主から経営者に意思決定権限が委譲されるのは，経営者が株主の善良なる代理人（agent）として，本人，つまり依頼人（principal）の利益に忠実な行動をとってくれるであろうと期待するからである。この両者の関係は，エイジェンシー

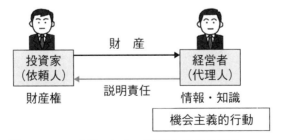

図7-1　エイジェンシー関係と情報非対称

関係と呼ばれる。また，経営者に経営に関する詳細な情報や知識が保有され，株主にはない状況を情報非対称と言う〔図7-1〕。

　このように投資家と経営者は財産の運用について任す任せられるという関係にある。しかし，代理人が努力して獲得した成果は依頼人に帰属するという取引の外部性のために，エイジェンシー問題と総称される特有の問題が生じる。両者間で代理契約（財産の移転）が一旦締結されてしまうと，代理人が自身の有する知識や情報を使って，依頼人よりも自分自身の利益を優先するインセンティブ（誘因）を持つ可能性がある。その結果として，両者間に利害衝突が起こるかもしれないという潜在的な利害の対立が内在されているのである。怠慢，役得，公私混同などの利己的行動（これを機会主義的行動と言う）がそれであり，そのために依頼人が被る損失をエイジェンシー・コストと言う。

2. コーポレート・ガバナンスとは何か

（1）　コーポレート・ガバナンスの定義

　企業は誰のものか，どの利害関係者に企業統治を委ねるかべきかをコーポレート・ガバナンスと言う。コーポレート・ガバナンスの定義または目的は，これを論じる者の立場により異なる。株主は当然ながらその企業価値を向上させることを要求する。従業員は雇用の安定，労働条件の向上を望むであろう。取引先企業，金融機関，企業が立地する地方自治体なども，それぞれ税収や雇用の創造を企業に期待する。したがって，コーポレート・ガバナンスの定義はいかなる立場からなされるかが重要である。

（2）　コーポレート・ガバナンスの機能

　論者によってコーポレート・ガバナンスの定義は異なるが，コーポ

レート・ガバナンスの一番重要な機能については論をもたないであろう。それは「経営者を交代させる仕組み」をいかに作るかということである。経営者が不正を働いたり，誤った戦略的意思決定により巨額の損失を招いてしまった場合，そうした不適切な経営者は解任や更迭され，法的な責任を追及されなくてはならない。しかし，現実社会では不祥事の責任を取るべき経営者がその座に居座り，他の社員が責任を取らされるという現象が散見される。問題の経営者は企業外部の批判に耐えられなくなり結局辞任することになるが，時間がかかり過ぎるという印象がある。このような場合，当該企業は「コーポレート・ガバナンスが機能していない」と表現される。逆に速やかに交代が行われると「コーポレート・ガバナンスが機能している」ということになる。経営者交代の仕組みが素早く機能することが問われているのである。

　しかし，いきなり経営者交代というのは企業に与える影響も少なくない。そこで，日常から経営陣（取締役会）に対して監査が行われる。

3. 監査の基本的機能

（1）　監査の基本的構造

　一般に，監査は，依頼人が代理人に対して業務等を委託している場合に，依頼人が，代理人の業務が自らの利益に適合しているか，あるいは利益を損なうものでないかを確かめたいと考えたときに行われる。

　依頼人が代理人の業務の実施状況を自分で確かめることができるならば，それは文字通り確認であり，監査ではない。監査は，何らかの事情（時間，費用，能力などの制約）で，依頼人自らが代理人の業務の実施状況を確かめられない場合に，依頼人が第三者に確認を依頼することによって行われるのである。このとき，依頼された者が監査人となる。

　このように，監査は，代理人に業務を委託し，その実施状況を確かめ

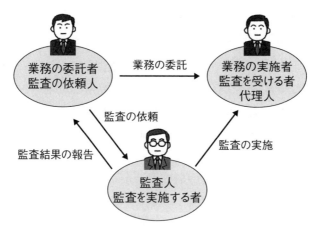

図7-2　監査の基本的構造

るために監査を依頼する者（依頼人），業務を受託したことによってその内容について監査を受ける者（代理人），そして監査を必要とする者から依頼されて監査を実施する者（監査人）という，3人の登場人物によって行われる。

　この関係を図で示せば，〔図7-2〕のようになる。

（2）　監査の基本的機能

　監査人は，監査の結果を依頼人に報告する。報告を受けた依頼人は，監査結果によって業務の実施状況が自らの利益に適合しているか，あるいは利益を損なうものでないかを確認することができる。適切に業務が実施されていることがわかれば，依頼人は業務の実施者（代理人）を信頼して引き続き業務を任せることができる。

　このように，監査には，監査の結果を伝えることによって，依頼人の監査対象に対する信頼を高め，同時に監査対象自体の信頼性を高める機能がある〔図7-3〕。

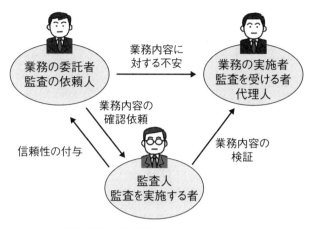

図7−3　監査の基本的機能

4. 法定監査

　監査について概観したが，法令によって実施が義務づけられている監査がある。こうした監査は法定監査と呼ばれている。金融商品取引法（以下「金商法」と言う。）に基づく公認会計士監査や，会社法による監査役(会)または監査委員会の監査などがその代表例である。

（1）　公認会計士監査

　前述の監査の機能は，代理人が自ら依頼人に対して業務の内容を説明するための報告書を作成して提出するような場合にも発揮される。たとえば，代理人が依頼人に対して会計報告書を提出して業務の成果を報告する場合，依頼人は当該会計報告書の信頼性の監査を，会計についての専門知識・能力を持つ専門家である監査人に依頼することが考えられる〔図7−4〕。現在，世界中で制度化されている公認会計士による財務諸表監査がこれに相当する。

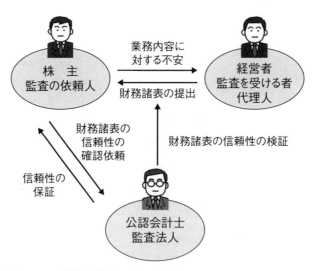

図 7 − 4　公認会計士による監査

　わが国では，金商法が，上場会社に対して特別の利害関係のない公認会計士または監査法人（以下「公認会計士等」と言う。）による財務諸表の監査証明を受けることを義務づけている（金商法第193条の２）。上場会社は公認会計士等に財務諸表の監査（会計監査）を依頼し，依頼を受けた公認会計士等は会社と監査契約を結んで監査人となり，財務諸表の監査を実施するのである。公認会計士等の監査は，会計情報の信頼性を保証することを目的として実施される。

　財務諸表は，利用者が会社等との経済的な関係を維持するかどうかについて意思決定するための資料として利用される。財務諸表は，利用者が誤った意思決定に導かれ，不測の損害を被らないように，会社等の経営内容を適正に反映した会計情報を提供するものでなければならない。このため，会計処理のルール（会計基準）に精通した専門家である公認会計士等によって，組織とは独立の立場で，利用者の利益を保護すると

いう観点から，会計情報の適正性あるいは信頼性の検証を目的として財務諸表の監査が実施されるのである。

　公認会計士監査のもう1つの特徴は，監査人が意見表明を求められる対象が，財務諸表のように文書の形で表現されているものであるという点にある。財務諸表は会社の業務そのものではなく，業務（経済活動）の結果を集約して「表現」したものである。公認会計士等の監査は，この「表現」が会社の業務の結果を適正に反映しているかどうかを検証するのである。この点は，業務そのものを検証の対象とする内部監査との最も大きな違いである。

（2）　監査役（会）／監査委員会／監査等委員会による監査

　会社法は，株式会社を株式譲渡制限会社（非公開会社）と公開会社とに分けている。株式譲渡制限会社とは，発行済株式の全てに譲渡制限を定めている会社である。それ以外の会社が公開会社となるが，原則として株式の譲渡制限のない上場会社が公開会社の典型である。

　また，会社法は，株式会社を規模によって大会社とそれ以外の会社に区分している。大会社とは，資本金5億円以上または負債総額200億円以上の株式会社を言う。そして，大会社である公開会社については，監査機関として監査役会か監査委員会，監査等委員会のいずれかを設置するものとし，いずれを採用した場合でも，公認会計士等を資格要件とする会計監査人の設置が義務づけられている。

　監査役会の構成員の半数以上は，社外監査役でなければならない。監査委員会は取締役会の中に設けられる委員会で，構成員の過半数が社外取締役でなければならない。

　監査役の監査は取締役の職務の執行を（会社法第381条第1項），監査委員会の監査は取締役及び執行役の職務の執行を（第404条第1項）そ

れぞれ対象とする。

　監査役や監査委員会（以下，「監査役等」と言う。）の監査は，会社の債権者や株主の利益を保護するために，取締役や執行役が誠実に職務を執行しているかどうかを確かめることを目的としている。このため，取締役等の職務執行に違法なもの，会社の定款に違反するもの，あるいは著しく不当なものなどがないかを検証するのである〔図7-5〕。

　取締役や執行役の職務には，会社の運営に関わるあらゆる業務が含まれるが，通常，監査役等の監査は「業務監査」と「会計監査」とに区別される。

　このうち，監査役等は，主として業務監査を行うものとされている。実施に当たって高度な専門的能力を要求される会計監査（会計情報の監査）は，一義的には会計監査人によって実施され，監査役等は会計監査人による監査の結果および方法の相当性を評価することになる（会社法施行規則第155条，第156条および第157条）。

　金商法の財務諸表の監査や会社法の会計監査人監査が，監査人の資格

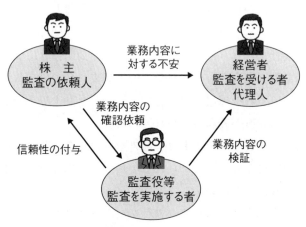

図7-5　監査役等監査

表7-1　監査役監査と監査（等）委員会監査

	監査役会設置会社 （監査役会）	指名委員会等設置 会社(監査委員会)	監査等委員会設置 会社(監査等委員会)
機関構成	【監督】取締役会 【監査】監査役会 【業務執行】取締役	【監督・監査】 取締役会 　指名委員会 　監査委員会 　報酬委員会 【業務執行】執行役	【監督・監査】 取締役会 　監査等委員会 【業務執行】取締役
監査機関の構成	監査役会 　3人以上の監査役 　半数以上が社外監査役	監査委員会 　3人以上の取締役 　過半数が社外取締役	監査等委員会 　3人以上の取締役 　過半数が社外取締役
常勤者の要否	監査役会 　常勤者必要	監査委員会 　法律上必須ではない	監査等委員会 　法律上必須ではない
監査役の要否 ／可否	監査役必要	監査役設置不可	監査役設置不可
会計監査人の 要否／可否	大会社の場合には必要	会計監査人必要	会計監査人必要

要件を公認会計士等の職業的専門家に限定しているのに対して，監査役や監査委員会の委員については特別な資格要件は定められていない。ただし，監査の独立性を確保するために，社外監査役ないし社外取締役の選任が要求されている。

〔表7-1〕は，監査役監査と監査委員会，監査等委員会監査についてまとめたものである。

5．内部監査

（1）　内部監査の機能

内部監査の構造は，監査一般の基本的な構造と同じである。そのうえ

で，かつての内部監査は，具体的には独立会計士の会計監査の補助的な機能を担うものとして位置づけられ，業務の対象範囲は会計および財務に関する領域に限られていた。

しかしその後，組織の責任者を支援するために組織内で実施される検証業務として組織の外側から独立会計士が実施する監査（「外部監査」または「独立監査人監査」）とは明確には区別されるようになっていく。

組織が活動計画を立ててそれを実施に移す際には，設定された目標が有効かつ効率的に達成されるように，何らかの方法で活動をモニターし，コントロールする必要がある。組織内で様々な形で活動のコントロールが行われると，コントロール機能の有効性をモニターし評価することが必要になる。こうして，内部監査は，それ自体が１つのコントロールであると同時に，組織におけるその他のコントロールの機能をモニターし，その有効性の評価を支援するという機能（二重管理機能）を担うようになる。

小規模な組織では，組織の責任者が自ら全ての構成員の業務内容を直接モニターし，業務の有効性や効率性を直接評価することができる。ところが，組織の規模が拡大し，活動内容が複雑になるにしたがって，組織の責任者が自ら全ての業務をモニターすることは，能力的にも時間的にも限界が生じてきた。このため，業務の有効性や効率性を適切に評価する能力を持つ者に，モニタリング機能としての内部監査が依頼されることになった。

こうして内部監査は，組織における業務から独立した立場で行われる，独立的モニタリングとして機能するようになった。業務全般の有効性や効率性を，業務部門から離れた位置から鳥瞰的・客観的に評価するのである。

さらに進んで，現代の内部監査は，組織の運営に価値を付加し，改善

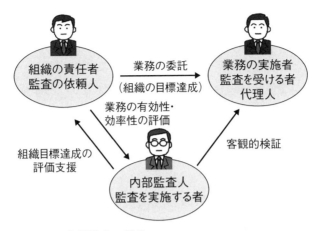

図 7 - 6　内部監査の機能

するための客観的な検証とコンサルティング活動と理解されるように
なっている。このために，組織全体の目標を達成するという視点から，
組織のガバナンスやリスク・マネジメントに関わる諸問題に関与するこ
とを期待されるようになっている〔図 7 - 6 〕。

（2）　任意監査としての内部監査

　内部監査の実施は，法令などによって義務づけられている訳ではない。
それは，組織において任意に実施される監査，すなわち「任意監査」で
ある。組織がその目標を達成するために必要な機能であると認識したう
えで，自ら進んで実施すべきものなのである。

　ただし，内部監査の機能が不可欠なものとして要求される場合がある。
それは，たとえば，株式会社が証券取引所に上場しようとするときであ
る。

　東京証券取引所の上場審査基準の適格要件の中に，「経営活動を有効
に行うため，その内部管理体制が適切に整備，運用されていること」と

いう規定がある。ここで言う「内部管理体制」に内部監査が含まれると解されるため，株式会社が証券取引所に上場する際には，内部監査の体制整備と実施が要請されていると見ることができる。

上場審査基準は法令ではないので，この場合でも，内部監査が任意監査であることに変わりはない。しかし，上場に際して内部監査機能の有無が審査されるということは，少なくとも上場会社については，内部監査を実施するかどうかを会社が任意に決められるわけではないということを意味している。

上場会社が健全かつ効率的に経営を行っていくためには，内部監査の機能が不可欠であると考えられる。しかし，具体的にどのような手続で監査を実施するかは，会社が必要に応じて任意に決めればよいのである。

内部監査の具体的な実施方法は，「内部監査基準」や「内部監査基準実践要綱」によってフレームワークが提供されている。内部監査の具体的な手続は，会社がこれらに基づいて定めることになろう。

内部監査人となるために，特別な資格要件が定められている訳ではなく，監査の専門家である必要もない。一般には，組織内に設けられる内部監査部門に配属された当該組織の構成員が内部監査人となるケースが最も多い。アウトソーシングという形で，会計事務所やコンサルティング会社などに監査業務を依頼することもできる。

内部監査は，組織が目標の達成に向けて活動するに際して，それを促進するための体制や活動（ガバナンス）を支援すること，ならびに目標の達成に影響を及ぼす要因であるリスクをコントロールし，目標達成について合理的な保証を提供すること（リスク・マネジメント）を期待されている。

内部監査は，業務が組織目標の達成に向けて有効かつ効率的に実施されているかどうかを検証することを目的としている。業務そのものに対

する評価を行い，これについて直接意見を述べるところに内部監査機能の特徴がある。

　内部監査は，法令によって実施が義務づけられていないという意味で任意監査であるとされている。しかし，上場会社のような組織においては，内部監査はその運営上不可欠な機能を担っており，その方法が会社の意に任されるという意味において任意監査であると理解されるべきかもしれない。

6. 三様監査の比較検討

　内部監査，公認会計士監査ならびに監査役等監査は，しばしば三様監査と呼ばれる。三様監査は，それぞれが固有の目的を持ち，独自の方法によって実施される。その一方で，補完的あるいは相乗的に機能することによって，組織の運営や関係者との利害調整を支援するものとなっている。

　三様監査の目的や対象などを整理すると，〔表7-2〕のようになる。

表7-2　三様監査の比較

	監査役等監査	公認会計士監査	内部監査
目的	職務執行の適法性・妥当性の検証 株主・債権者の保護	財務情報の信頼性の保証 投資家の保護	組織目標達成の支援 組織責任者の支援
対象	取締役・執行役の職務	財務諸表（財務情報）	組織のすべての業務
方法	監査の基準に基づいて監査役等が独自に決定した手続きによる	監査の基準によって標準化された手続きによる	監査の基準に基づいて組織が任意に決定した手続きによる
資格要件	資格要件なし 　社外監査役 　社外取締役	職業的専門家 　公認会計士 　監査法人	資格要件なし 　組織の構成員 　（内部監査部門）

学習課題

(1) 有価証券報告書には「コーポレート・ガバナンス」についての記述がある。興味のある企業のその部分を読み，どの監査制度を採用しているか確認してみよう。

(2) 有価証券報告書の巻末には「独立監査人の監査報告書」がある。これを読んで公認会計士監査に関して感じたことを書き出してみよう。

参考文献

・盛田良久，蟹江章，長吉眞一編著（2020）『スタンダードテキスト監査論（第5版）』中央経済社
・齋藤正章，蟹江章（2022）『現代の内部監査』放送大学教育振興会

8 | 組織とイノベーション

永田　晃也

《**学習目標**》　企業は，その製品やサービスを提供している市場において顧客ニーズや競争状況の変化に直面するばかりではなく，資材・部品等を調達する市場，従業員を雇用する労働市場，資金を調達する資本市場などにおいても取引条件の変化に晒され，さらには景気動向に集約されるマクロ経済状況の変動にも見舞われる。こうした経営環境の変化に適応し，生存を維持していくうえで，企業は従来の生産活動を変革するイノベーション（革新）を実施する必要に迫られる。グローバル化，デジタル化などの言葉で語られる環境変化は，企業にとってイノベーションが益々喫緊の課題となりつつあることを示している。あるいは変化を先取りして地球環境負荷の低減などの社会的課題に対応するイノベーションを遂行していくことや，自らイノベーションによって経営環境を能動的に変化させていくことが企業の存続にとって不可欠の課題となる局面もある。

　しかし，イノベーションのプロセスは不確実性が高く，マネジメントの対象として組織的・計画的に遂行していくことは容易ではない。その遂行においては，まずイノベーションのプロセスと動態（ダイナミクス）を把握し，企業の収益や競争優位に結びつけていくうえでの課題を理解しなければならない。本章では，第3章および第4章で学習した組織論の知見をふまえ，イノベーションに関する理論的な知識と，組織的にイノベーションに取り組むための方法的知識を習得することを目的とする。

《**キーワード**》　イノベーション，プロダクト・イノベーション，プロセス・イノベーション，連鎖モデル，専有可能性問題，持続可能性問題，ドミナント・デザイン，生産性のジレンマ，イノベーターのジレンマ，ユーザー・イノベーション，オープン・イノベーション

1. イノベーションとは何か

（1） イノベーションの概念と類型

　「イノベーション（innovation）」に対応する日本語の「革新」の意味は，辞書の上では「何かを新しくすること」として抽象的に定義されている。しかし，経済学者のシュムペーター（Joseph A. Schumpeter：1883-1950）が，『経済発展の理論』（1926年）の中で，資本主義の発展の原動力を諸資源の「新結合」と捉え，後年の著書でイノベーションと換言して以来，この語は常に価値の創造という文脈の中で使われてきた[1]。そのため今日，経済学や経営学の領域では「新たな価値の創造をもたらす革新」がイノベーションの最大公約数的な定義となっている[2]。

　この意味でのイノベーションには，多様な形態が存在する。シュムペーターは，①新しい製品または新しい品質の製品の生産，②新しい生産方法の導入，③新しい市場の開拓，④原料あるいは半製品の新しい供給源の獲得，⑤新しい産業組織の実現を挙げている（Schumpeter, 1926）。このうち①は「プロダクト・イノベーション」，②は「プロセス・イノベーション」と呼ばれ，この2タイプが「技術的イノベーション（technological innovation）」と総称されている。

　シュムペーターの5つの形態は単なる事例の列記ではなく，〔図8-1〕に示すように企業の生産活動を中心とするサプライ・チェーン全体の中でイノベーションが発生しうる局面を系統的に記述した内容になっている。サプライ・チェーン全体を担う産業組織の革新とは，たとえば企業が従来市場で調達していた機能を組織内部に統合することなどを意味している。

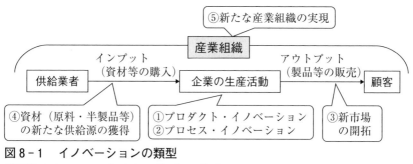

図 8-1　イノベーションの類型
（出所）Schumpeter（1926）に基づいて作成

　このイノベーションの 5 類型は，基本的に製造業の生産活動を前提にしていることから，製造業のイノベーションに対しては包括的な形態区分になっている。しかし，新たな価値の創造は製造業の生産活動以外の領域でも生じうるため，あらゆるイノベーションをカバーしている訳ではない。たとえばサービス産業には，製造業とは異なった形態のイノベーションが見出されるであろうし，また経済的価値を生み出す生産活動以外の領域では，何らかの社会的・文化的価値を生み出すイノベーションが存在しうるのである。

　わが国では，1956年度の『経済白書』でイノベーションに「技術革新」という訳語が当てられて以来，何らかの技術進歩を伴う変化をイノベーションとする理解が普及した。しかし，通常，技術革新と呼ばれるイノベーションは，上述のプロダクト・イノベーションとプロセス・イノベーションに限られる。「イノベーション」の概念に含まれる変化は，「技術革新」よりも多様なのである。

　イノベーションのもたらす変化が多元的である点にも注意しておこう。イノベーションの具体例を挙げようとすると，たとえば自動車，半導体，コンピュータ，ペニシリン，ナイロンなど技術史に足跡を刻んできた事

例や，インターネットや携帯電話のような私たちのライフ・スタイルに
変化を及ぼした最近の事例が想起されるであろう。これらは経済的にも
社会的にもインパクトが大きい画期的（radical）イノベーションである
が，イノベーションの中には小規模な改良・改善を積み重ねて最終的に
大きな変化をもたらすイノベーション，すなわち漸進的（incremental）
イノベーション，あるいは累積的（cumulative）イノベーションと呼ば
れるタイプも存在するのである。

　また，イノベーションとは，かつて誰も実施したことがない新規性を
持つもののみを意味するのではない。実施した主体にとって新規な取り
組みは，新たな価値の創造に結びつく限りイノベーションと呼ばれうる。
たとえば，新型コロナウイルスのパンデミックに伴う大きな環境変化が
発生したとき，従来は店舗営業のみを行っていた多くの飲食店が，非接
触でサービスを提供するため新たにケータリングや弁当の販売を始めて
いる。それらは，前例があっても立派にイノベーションと呼ばれうる取
り組みなのである。

　では，イノベーションは，どのくらいの企業によって実現されている
のだろうか。文部科学省科学技術・学術政策研究所の『全国イノベー
ション調査2020年調査統計報告』によると，2017年から2019年の間に何
らかのイノベーションを実現したわが国の企業は27％に達している。ま
た，2020年にCOVID-19に対応するためのイノベーションを実現した企
業も，ほぼ同水準の28％であったことが報告されている。イノベーショ
ンは困難なチャレンジであるが，実際に多くの企業が生き残りを賭けて
取り組んでいることが窺えるであろう。

（2）　イノベーションのプロセスと決定要因
　以上のようにイノベーションの概念には広範な革新が包摂されるが，

以下の説明では，多くの先行研究が対象としてきた技術的イノベーションに焦点を当てる。

　戦間期における欧米の大企業では，新たな技術知識を生み出すための研究開発（Research and Development: R&D）の機能を内部化し，不確実性の高い技術的イノベーションを組織的・計画的に実現しようとする取り組みが始まった。この動きは第二次世界大戦後に本格化し，わが国でも多くの産業分野における企業が独自の研究開発活動を展開するようになった。

　このような企業内部での技術的イノベーションを目的とする活動は，特定の応用・用途を考慮しない「基礎研究」から始まり，次にその成果を生かすための「応用研究」を行い，さらに探索された応用方法を適用して新製品や新製法などを「開発」し，開発成果を実際に製造工程に移転して，最終的に製品やサービスを市場で販売することにより利益を上げるといった一連のプロセスを辿るものとして捉えられがちである。このように，イノベーション・プロセスを逐次的な段階からなるものとして捉える見方は，「リニア・モデル（linear model）」と呼ばれる。現実のイノベーション・プロセスが，このモデルが描くとおりのシンプルなものであるならば，イノベーションに成功しようとする企業は，最上流工程にある研究活動への資金と人材の投入を重点化すれば良いことになる。しかし，実際には巨額の研究投資を行った企業が，常にイノベーションによる競争優位を確保できている訳ではない。このことは，現実のイノベーション・プロセスが，リニア・モデルの想定よりも遥かに複雑であることを示唆している。

　クライン（Stephen J. Kline）とローゼンバーグ（Nathan Rosenberg）は，リニア・モデルを批判し，〔図 8 - 2〕に示す「連鎖モデル」（Chain-Linked Model）を提唱した（Kline and Rosenberg, 1986）。このモデ

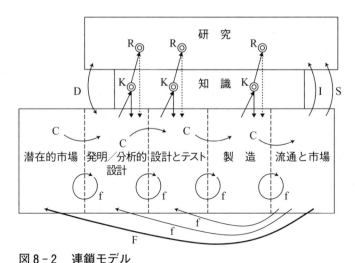

図8-2　連鎖モデル

（出所）Kline and Rosenberg（1986）

ルは，「研究」，「知識」および業務プロセスのフローを表す3つの階層
から成っている。潜在的な市場を発見し，そのニーズに応えるための製
品を生産し，流通させるまでの業務プロセスは，単純に時間に沿って段
階的に遂行されるのではなく，しばしばある段階で生じた問題を解決す
るために，前の段階に情報がフィードバックされることがある。この図
は，段階的な連鎖をC，フィードバックの回路をfおよびFとして描い
ている。また，ある段階で生じた問題を解決するためには既存の知識
（K）が参照されるが，既存の知識で解決できない場合には，その問題
は研究（R）の課題となる。この回路は，K→Rとして表されている。
科学研究の成果が直接発明に結びついたり（D），イノベーションの産
物である計測機器，工作機械（I）や市場で提供される研究サポート
（S）が科学研究を促進する場合もある。

　このモデルが示唆する重要なポイントは，リニア・モデルの想定とは異なり，研究に限らず様々な段階がイノベーションの起点になりうるということである。では，現実のイノベーション・プロセスにおける主要な起点（決定要因）は何であろうか。

　イノベーションの決定要因については，2つの古典的な仮説が存在する。1つは，イノベーションを発生させる要因として新技術の創出を重視する「テクノロジー・プッシュ」仮説であり，もう1つは市場における潜在的な需要を重視する「デマンド・プル」仮説である。これらのうち，いずれが支配的な要因であるのかをめぐっては，多くの実証研究が1950年代から70年代にかけて行われている。

　これらの仮説は，何らかの先行要因の存在が，イノベーションの成立を決定づけるという見方をしている点で共通している。しかし近年，こうした「決定論」的な見方に対して，イノベーションは技術に対する多様な解釈の相互作用によって形成されるのであり，何らかの先行要因がイノベーションを決定したかのように見えるのは，イノベーションの成立後に認識される擬似的な因果関係であるとする「非決定論」的な見方が提起されている[3]。第4章で紹介した3M社の「ポストイット」を想起してみよう。このケースでは，「簡単に落ちない栞」に対する潜在的な需要が認識される以前に，それを可能にするポリマーは発見されていた。しかし，そのポリマーは元々ポストイットのような製品を目的として開発された訳ではなく，発見当初は「できの悪い接着剤」と解釈されていたのである。ところが，一旦ポリマーの技術的な性質が特定の需要と結びつくことによってポストイットというイノベーションが成立し，ポリマーの用途に対する解釈が特定された後になって見ると，このイノベーションの決定要因は新規の技術であったようにも，潜在的な需要であったようにも認識できるのである。

---

3)　非決定論的な見方は，現実の認知は社会的に構成されたものであるとする「社会構成主義」（social constructionism）の影響を受けている。この社会学の分野で提唱された観点については，Berger and Luckmann（1967）を参照。

　このケースに見られるように，技術的イノベーションを成立させる技術と需要の結びつきは，しばしば偶然の産物として現れる。言い換えれば，いくら研究開発なり潜在需要の探索なりにリソースを投入しても，それだけで技術的イノベーションの実現が保証される訳ではないのである。しかし，このことはイノベーションがマネジメントの対象にできないことを意味しているのではない。確かにポストイットは偶然の産物であるが，15％ルールというルーティンを持つ３Ｍ社で成立したことは決して偶然ではない。すなわち，完全に計画的なイノベーションの実現は困難であるとしても，企業はイノベーションに関する知識に基づいて，それが高い確率で実現する条件を作り出すことはできるのである。

2. イノベーションのダイナミクスと　　マネジメントの課題

　企業がイノベーションを実現できたとしても，イノベーションのマネジメントには，なおいくつかの重大な問題が伴う。以下，それらの問題を発生させるイノベーションのダイナミクスを概観しながら，問題への対応策を考えてみよう。

（1）　専有可能性問題
　まず企業は，自らの実現したイノベーションから，いかにして利益を回収するかという問題に直面する。この点が問題になるのは，イノベーションの生み出す利益が，しばしば初めに実施した企業の外部に流出（スピルオーバー）するからである。企業が自ら実施したイノベーションから利益を回収できる程度を「専有可能性（appropriability）」と言い，利益を回収するうえでの問題を「専有可能性問題（appropriability issues）」と言う。

　専有可能性問題をもたらす主要な原因の1つは，競合他社によるイノベーションの模倣（イミテーション）である。これを防ごうとする企業は，発明の権利を保護するために特許を取得するであろうが，特許を取得するには発明の内容を開示しなければならず，発明の開示は，その権利に抵触しない「迂回発明」をイミテーター（模倣者）に対して却って促す可能性がある。そこで特許による保護の代替的な手段として，発明の内容を企業機密にする方法が採られることもある。しかし，企業が使用する技術は，その製品等を通じてある程度外部に知られるため，企業機密の効果にも限界がある。こうして，どのような手段を用いても，早晩，合法的な模倣品が出現することが避けられないのであれば，イノベーションがもたらす利益の一部は結果的に競合他社にスピルオーバーすることになる。従って，イノベーションを実施した企業にとっては，競合他社がキャッチアップしてくるまでのリードタイムを長くとり，その間に利益を回収するために，できるだけ早期に技術を市場化することが重要な課題になるのである。

　専有可能性問題をもたらすもう1つの原因は，供給業者（サプライヤー）への利益のスピルオーバーである。技術的イノベーションは，新たに発明された技術のみによって成立するのではなく，それが市場で利益をあげるまでには，生産設備，販売網などの多様な「補完的資産」（complementary assets）を必要とする。イノベーションを実施しようとする企業が，それらの補完的資産を保有していない場合には，保有しているサプライヤーから，その機能を市場での取引を通じて調達しなければならない。その際，当該の補完的資産が特殊な性質を持ち，調達できるサプライヤーが限定されると競争的な条件での契約が成立せず，サプライヤーに有利な条件で取引を行うことになり，結果的にイノベーションがもたらす利益の一部はサプライヤーの側にスピルオーバーする

のである。これを避けるためには当該の補完的資産を内部化しなければ
ならないが，内部化には巨額の設備投資なり，サプライヤーの買収なり
が必要となる。

　以上のように，イノベーションを実現した企業が，その利益の専有可
能性を確保するためには，特許による保護，企業機密，先行的な市場化，
補完的資産の統合などの多様な方法を，条件に応じて使い分け，あるい
は併用していかなければならない[4]。このうち補完的資産の統合は，次
に述べる持続可能性問題への対応に関連する意思決定問題にもなる。

（2）　持続可能性問題

　イノベーションを最初に実施した企業（イノベーター）が，一旦，市
場における競争優位を構築したとしても，その優位性は後発企業（フォ
ロアー）によって奪い取られることがある。実際，日本の企業は，かつ
て半導体の DRAM，液晶ディスプレイ，太陽電池などの製品分野にお
いて世界市場でのトップシェアを獲得していたことがあるが，そのポジ
ションを現在では韓国や中国などの企業に明け渡している。イノベー
ションによる競争優位を維持するうえで直面する困難を，「持続可能性
問題（sustainability issues）」と言う。

　ここで「持続可能性」とは，どの程度の期間にわたって持続すること
を問題にしているのかを考えてみよう。そもそも製品・サービスの寿命
は大きく異なるので，特定の時間的な長さを以て一律に持続性を議論す
ることには意味がない。ただ，どのような製品・サービスを生産してい
る企業であれ，市場という環境が大きく変化しても，その前後で競争優
位が持続できれば，それは戦略的に意味のある持続性であると言うこと
ができるであろう。

　ティース（David J. Teece）は，そのような市場の変化を，アバナ

---

4)　専有可能性問題の実態を明らかにした主要な先行研究として，Levin, et al.
　　(1987)，Cohen, et al. (2002) がある。近年の日本企業における実態については
　　永田（2022）を参照のこと。

シー（William J. Abernathy）とアッターバック（James M. Utterback）
が提唱した「ドミナント・デザイン（dominant design）」の成立に見出
し，その前後で競争優位を持続させるための戦略課題について論じてい
る。

　ドミナント・デザインとは，市場に支配的な影響力を持ち，固定化，
標準化された製品の基本設計を意味している。様々な産業に関する事例
研究により，産業の発展は一般的に流動期，移行期，固定期という3つ
の段階を経るとされている〔図8-3〕。流動期とは，発展の初期段階で，
製品のコンセプトも固まっておらず，多様な製品が市場に投入され，競
合している時期である。この段階では，プロダクト・イノベーションが
活発に行われる。やがて，多様な製品デザインの中から1つがドミナン

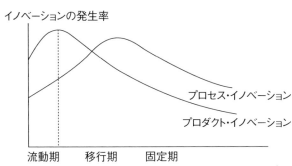

図8-3　イノベーションのダイナミクス

（出所）Abernathy and Utterback（1978）

ト・デザインの地位を獲得し，プロダクト・イノベーションの発生率は
ピークを迎える。その後は，確立された製品コンセプトのうえで自社製
品の機能・性能を向上させることが重要になり，製品の普及が急速に進
展する時期を迎えるため，企業の戦略的な焦点はプロダクト・イノベー
ションからプロセス・イノベーションへと移行する。さらに，プロセス
技術が確立し，プロセス・イノベーションの発生頻度も減少していくと，
プロダクトとプロセスの関係が安定する固定期を迎える。この時期は大
規模な設備投資が行われ，生産性は向上するが，画期的なイノベーショ
ンは発生しなくなる（Abernathy and Utterback, 1978）。この現象は，
「生産性のジレンマ」と呼ばれている。

　ティースは，流動期においては，補完的資産は重要な要素ではないが，
ドミナント・デザインの成立後，競争の焦点がプロセス・イノベーショ
ンによる低価格化にシフトすると，補完的資産を確保できるかどうかが
致命的に重要な問題になる点に着目した。すなわち移行期以後において，
当該の補完的資産が特殊性を持ち，かつ専有可能性が低い状態にある場
合，イノベーターの利益はサプライヤーやイミテーターにスピルオー
バーしやすくなる。しかも競合他社によって補完的資産を支配されると，
もはやイノベーターは生産活動を継続することすらできなくなってしま
う。したがって，このような局面では，いち早く補完的資産を内部に統
合することが，イノベーターにとって競争優位を持続させるための課題
になるのである（Teece, 1986）。

（3） イノベーターのジレンマ

　前述の持続可能性問題は，イノベーターが自らの実施したイノベー
ションによる競争優位を持続させるうえでの問題であるが，一方，その
優位性ゆえにイノベーターが後発の技術への対応に失敗することもある。

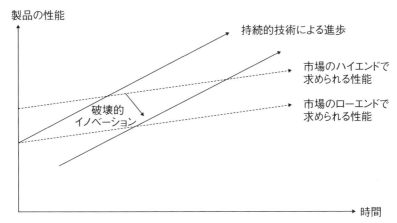

図8-4　持続的イノベーションと破壊的イノベーション
（出所）Christensen（1997）

クリステンセン（Clayton M. Christensen）は，ハードディスク・ドライブ等に関するケース・スタディに基づいて，この問題を「イノベーターのジレンマ」として定式化している。

　技術には画期的なものもあれば漸進的なものもあるが，いずれの技術であれ出現後は製品の性能を次第に高める「持続的技術」としての進歩を遂げていく。〔図8-4〕に示すように，新技術が製品に採用されるのは市場のローエンドで求められる性能をクリアした後であるが，その持続的な進歩は，やがて市場のハイエンドで求められる性能を追い抜いてしまい，それ以上の技術進歩に対する投資はコストにしかならない状況が生じる。一方，この間に現行の持続的技術に将来置き換わる可能性がある新たな技術が出現しても，その採用は製品の性能を一時的に引き下げることになるため，現行の技術で実績を挙げている企業は，その新技術に投資をしようとしない。しかし，その新技術が市場で求められる性能をクリアし，競争力を持つようになると，現行の持続的技術に対する

「破壊的（disruptive）イノベーション」として作用するのである（Christensen, 1997）[5]。

　このイノベーターが後発の技術への投資に失敗する状況は，第4章で取り上げた「コンピテンシー・トラップ」によるものと理解することができる。クリステンセンは，先行の技術で実績を挙げた企業が，そのポジションを守るためには，完全に独立した組織を設けて，後発の新技術による優位性の追求を担わせるしかないと述べているが，この方策も第4章で説明した「両利きの組織」の構築として理解できるであろう。

　ただし，後発の新技術は，先行の技術に対して完全に代替的な効果を持つとは限らない点に注意が必要である。クリステンセンが挙げた破壊的イノベーションの事例の中には，高炉を持つ総合鉄鋼メーカーに対するミニミル（電気炉）や，ハーレー・ダビッドソンなどの長距離用バイクに対する日本メーカーの小型オフロード・バイクが含まれているが，これらの破壊的イノベーションが成立した後も，総合鉄鋼メーカーの一貫製鉄所や長距離用バイクは存続しているのである。これらの事例は，先行の技術で実績を挙げてきた企業は，後発の技術への投資に，常に対応する必要がある訳ではないことを示唆している。

3. 組織間イノベーション

　前節までは，企業の組織内部でのイノベーションへの取り組みについて説明してきたが，イノベーションの中には，組織間の連携関係から発生するものもある。共同研究を行う技術研究組合は，組織間イノベーションを実現するための取り組みの1つであるが，技術研究組合のような公式の組織が設置されない場合でも，組織間イノベーションは成立することがある。本節では，そのメカニズムを「ユーザー・イノベーショ

---

5)　「破壊的」と訳されている ‘disruptive’ という語には，本来，撹乱的というニュアンスがある。クリステンセンの言う「破壊的イノベーション」とは，インパクトの大きい画期的なイノベーションのことではなく，現行技術に対して後発の技術が持ちうる効果を意味している点に注意されたい。

ン」および「オープン・イノベーション」というコンセプトに即して説明する。

（1）　ユーザー・イノベーション

　フォン・ヒッペル（Eric von Hippel）は，PC-CAD（半導体プリント基盤の設計支援システム）や理化学機器などのケース・スタディを踏まえて，ユーザーの要望や具体的な解決策ないし解決のイメージが，新たなアイデアとなって生じるイノベーションが存在することに着目し，それらを「ユーザー・イノベーション」と名付けた。また，ユーザー・イノベーションの元となる有益なアイデアをもたらすユーザーを「リード・ユーザー」と呼んだ。

　ユーザー・イノベーションは，全ての製品分野で成立する訳ではない。たとえば，大規模な製造装置によって生産される製品では，メーカー側が保有している生産技術に関する情報が容易にユーザー側に伝わらないため，ユーザー・イノベーションは起き難い。しかし，メーカー側の技術情報がユーザー側に容易に共有され，かつユーザー側のニーズに関する情報がメーカー側に伝わり難い場合には，メーカーの行うイノベーションに先駆けてユーザー・イノベーションが発生しやすくなるのである。フォン・ヒッペルは，情報の移転にかかるコストを「情報の粘着性（stickiness of information）」と呼び，以上の知見を，技術情報の粘着性が低く，かつニーズ情報の粘着性が高い場合には，ユーザー・イノベーションが活発に行われると総括している（von Hippel, 2006）。

　情報の移転コストの大きさは，情報そのものの特性のみならず，受け手側の「吸収能力（absorptive capability）」にも影響を受ける。吸収能力とは，コーエン（Wesly M. Cohen）とレビンサール（Daniel A. Levinthal）が提唱した概念であり，組織が外部の知識を学習し，活用

するために必要な能力を意味している（Cohen and Levinthal, 1990）。吸収能力の水準は，組織が事前に保有している知識の量や，組織内部でのコミュニケーションの程度に依存する。たとえば，メーカー側の技術情報に関連する予備知識を，ユーザー側がある程度保有し，組織内部で共有できている場合は，その量に応じて技術情報の移転コストは抑制されるのである。

（2）　オープン・イノベーション

　ユーザー・イノベーションは，メーカーにとっての顧客であるユーザーが源泉となって生じるイノベーションであるが，企業がイノベーションに取り組むうえでの有益な知識やアイデアの源泉は顧客に限らない。この点を理解するうえでの鍵になる概念が，チェスブロウ（Henry Chesbrough）の提唱した「オープン・イノベーション」である。

　チェスブロウは，「企業の内部と外部のアイデアを有機的に結合させて価値を創造すること」（Chesbrough, 2003），あるいは「企業が自社のビジネスにおいて社外のアイデアを活用し，未活用のアイデアを他社に活用してもらうこと」（Chesbrough, 2006）としてオープン・イノベーションを定義している。この定義が示しているように，オープン・イノベーションには，外部の知識やアイデアを取り込み，内部の資源と結びつけてイノベーションを展開する「アウトサイド・イン型」と，内部の未利用の知識やアイデアを外部のアクターに使わせて新たな市場の創出を期する「インサイド・アウト型」がある。企業の境界を超えて外から内へ入る要素と，内から外へ出てゆく要素の２つがある点で，専ら境界の内側で取り組まれてきたクローズド・イノベーションとは異なるのである〔図8-5〕。

　オープン・イノベーションには上記２つのタイプがあるが，イノベー

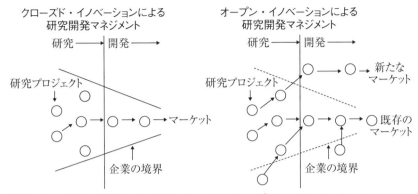

図 8-5　クローズド・イノベーションとオープン・イノベーション
（出所）Chesbrough（2003）

ションを実現するための研究開発費が増大する一方，製品のライフサイクルが短縮することによってイノベーションの収益率が低下するといった事態に直面してきた企業は，特にアウトサイド・イン型のオープン・イノベーションの可能性に関心を寄せてきたと言えるであろう。しかし，アウトサイド・イン型のオープン・イノベーションが成功するためには，ユーザー・イノベーションと同様，企業の側に外部の知識・アイデアを活用できる吸収能力がなければならない。また，外部の知識やアイデアを仲介してくれるアクターが存在しない状況のもとで，それらを闇雲に探索しても，取引コストが増大するため却ってイノベーションの収益率は悪化するであろう。オープン・イノベーションは吸収能力などの要件が整った企業が選択できる戦略オプションであり，いかなる場合でもイノベーションの収益率を改善できるマスターキーなどではない点に注意を要する。

124

学習課題

(1) 現行の技術で実績を挙げてきた企業が，後発の技術への投資に対応
しなければ，そのポジションを失う状況は，後発の技術がどのような
性質を持つ場合に生じるのであろうか。具体例を考えてみよう。

(2) アウトサイド・イン型のオープン・イノベーションの成功事例とし
て，P&G社の「コネクト・アンド・ディベロップ戦略」が知られて
いる。外部の知識・アイデアを探索するうえで，同社がどのような取
り組みを行ったのかを調べてみよう。

参考文献

・永田晃也編著『価値創造システムとしての企業』学文社，2003年

引用文献

・Abernathy, W. J. and J. M. Utterback. (1978) Patterns of Industrial Innovation, *Technology Review*, 80, 41-47.

・Berger, P. L. and T. Luckmann. (1967) *The Social Construction of Reality: A Treatise in the Sociology of Knowledge*, Anchor. (山口節郎訳『現実の社会的構成—知識社会学論』新曜社，2003年)

・Chesbrough, H. (2003) *Open Innovation: The New Imperative for Creating and Profiting from Technology*, Harvard Business School Press. (大前恵一朗訳『OPEN INNOVATION』産業能率大学出版部，2004年)

・Chesbrough, H. (2006) *Open Business Model: How to Thrive in the New Innovation Landscape*, Harvard Business School Press. (栗原潔訳『オープンビジネスモデル—知財競争時代のイノベーション』翔泳社，2007年)

・Christensen, C. M. (1997) *The Innovator's Dilemma: When New Technologies Cause Great Firms to Fail*, Harvard University School Press. (玉田俊平太監修, 伊豆原弓訳『イノベーションのジレンマ―技術革新が巨大企業を滅ぼすとき』翔泳社, 2001年)

・Cohen, W. M. and D. A. Levinthal. (1990) Absorptive Capability: A New Perspective on Learning and Innovation, *Administrative Science Quarterly*, 35 (1), 128-152.

・Cohen, W. M., A. Goto, A. Nagata, R. R. Nelson and J. P. Walsh (2002) R&D Spillovers, Patents and the Incentives to Innovate in Japan and the United States, *Research Policy*, 31, 1349-1367.

・Levin, R. C., A. K. Klevorick, R. R. Nelson and S. G. Winter (1987) Appropriating the Returns from Industrial Research and Development, *Brookings Papers on Economic Activity*, 3, 783-831.

・Kline, S. J. and N. Rosenberg. (1986) An Overview of Innovation, in R. Landau and N. Rosenberg (eds.), *The Positive Sum Strategy*, National Academy Press, 275-305.

・永田晃也 (2022)「イノベーションの収益性は低下したのか―サーベイデータによる専有可能性と技術機会の時点間比較」文部科学省科学技術・学術政策研究所『STI Horizon』Vol.8, No.4, 50-55.

・Schumpeter, J. A. (1926) *Theorie der wirtschaftlichen Entwicklung*, 2. Aufl., Duncker & Humblot. (塩野谷祐一, 中山伊知郎, 東畑精一訳『経済発展の理論』岩波文庫, 1977年)

・Schumpeter, J. A. (1939) *Business Cycles: A Theoretical, Historical, and Statistical Analysis of the Capitalist Process*, McGraw-Hill. (吉田昇三監修, 金融系財研究所訳『景気循環論』有斐閣, 1958年)

・Teece, D. T. (1986) Profiting from Technological Innovation: Implication for Integration, Collaboration, Licensing and Public Policy, *Research Policy*, 15(6), 285-305.

・von Hippel, E. (2006) *Democratizing Innovation*, MIT Press. (サイコム・インターナショナル監訳『民主化するイノベーションの時代―メーカー主導からの脱却』ファーストプレス, 2006年)

9 | 組織的知識創造

永田　晃也

《**学習目標**》　第3章では組織の編成原理を環境への適応という観点から理解し，第4章ではその適応過程を組織学習として捉える理論を学習した。第8章では，企業が環境に適応する際に取り組む活動であると同時に，環境を変化させる側面を持つイノベーションのダイナミクスについて概観した。本章では，イノベーションを知識の組織的な創造過程として捉える理論を学習する。この理論によって組織の能動的・主体的な側面を理解するための視点を獲得し，イノベーティブな組織を構築するうえでの課題を把握することが本章の目標である。

《**キーワード**》　ナレッジ・マネジメント，組織的知識創造，暗黙知と形式知，SECI モデル，ナレッジ・ビジョン，ミドル・アップダウン，ハイパーテキスト型組織，場，実践共同体

1.　情報処理から知識創造へ

（1）　ナレッジ・マネジメントの台頭

　先進諸国では情報通信技術の発展に伴って1960年代には付加価値生産の中心が工業部門からサービス部門に移行し始めた。この動向は，「脱工業化社会」あるいは「情報化社会」の到来と呼ばれ，ヒト，モノ，カネに次ぐ第四の経営資源として情報が挙げられるようになった。70年代以降は業務プロセスへのコンピュータの導入が進展し，90年代にはインターネットの利用が急速に普及したことにより，企業は膨大な情報にアクセスできるようになった。

　こうした情報化の波を背景として，90年代の前半に新たな経営手法が注目を集めた。企業内部の情報の流れを効率化することによって，業務プロセスの根本的な組み換えを図る「ビジネス・プロセス・リエンジニアリング（BPR）」である。しかし，BPRは無駄と見做したものを徹底的に削減し，組織をダウンサイジング（縮小）していくことを正当化する手法として使われる傾向を持ったため，結果的に組織内部にあった有用な知識を損ない，組織的な思考力を減退させるという問題を生じさせた。また，BPRが導入された企業では，従業員たちは削減の対象となる可能性に脅かされ，主体的に業務効率の改善に取り組もうとするモチベーションが損なわれたため，却って業務効率の悪化を招くことになった[1]。

　こうしたBPRの挫折により，業務効率を改善するうえでの重要な課題は，単に情報の流れを効率化し，大量の情報にアクセスできるようにすることではなく，意味のある情報を発見し，それを知識として活用・蓄積していくことであるという認識がもたらされた。このような認識を背景として，先進諸国の企業では90年代の後半以降，組織内外に存在する知識（ナレッジ）を経営資源として活用することにより業務効率の改善を追求する「ナレッジ・マネジメント」が台頭した。

　実際にナレッジ・マネジメントに取り組んだ企業の成功事例も広く知られるようになった。たとえば，ゼロックス社では，1996年にポール・アレア（Paul Allaire）会長の主導のもとで長期戦略の一環として「知力の向上」を目的とする「コーポレート・ナレッジ・イニシアティブ」を開始し，知識に関する多角的な研究や，それに基づく事業機会の探索を推進した。このプロジェクトの過程で，同社のパロアルト研究所（PARC）は，知識共有システム「ユーレカ（Eureka）」を開発した。ユーレカは，複写機の技術サービスを担当するカスタマー・エンジニア

---

1)　BPRについてはHammer and Champy（1993），BPRが発生させた問題については，Webber（1999）を参照。

（CE）たちの経験的知識を，イントラネットの掲示板を通じて共有させるシステムである。CEたちには，仕事から帰社するとコーヒーコーナーに集まって，マニュアルにはない修理方法でトラブルを解決したといった1日の業務経験を語り合う習慣があった。この習慣が重要な知識共有の場になっている事実をPARCの人類学者が発見したことが，開発のきっかけになったと伝えられている。このシステムが導入されると，知識提供に対する金銭的インセンティブはなくとも，提供者の名前が掲載され世界中の同僚から感謝されるという栄誉がモチベーションとなり，全世界で1万3千人ものCEがシステムを利用した結果，4年間で50億ドルものコスト削減に貢献したとされている。

　このような成功事例は，ナレッジ・マネジメントに対する関心を益々高め，先進諸国の企業の間では2000年代にかけてナレッジ・マネジメントの導入が流行した。文部科学省科学技術政策研究所（現，科学技術・学術政策研究所）が実施した第1回「全国イノベーション調査」（有効回答企業9,257社）によると，1999年から2001年までの間に何らかのイノベーションを実現した企業は全体の22％であり，そのうち75％の企業では「知識経営」（ナレッジ・マネジメント）を導入していた[2]。今日では，かつてのような流行現象は沈静化しているが，ナレッジ・マネジメントの手法は導入した企業によって放棄されたのではなく，イントラネットなどを基盤とする何らかの知識共有システムが普及している状況からみると，むしろルーティンとして定着したと言えるであろう。

（2）　知識と情報の相違

　では，何故（なぜ）そもそも「情報」ではなく「知識」が重要なのだろうか。この2つの語は，しばしば無差別に使われることがあるが，概念上は大きな違いがある。まず，その点を明らかにしておこう。

---

2)　文部科学省科学技術政策研究所『全国イノベーション調査統計報告』（2004年）

　一般的に情報とは，ある状況を知る手がかりとなる別の状況として定義される。たとえば，ニューヨークの天気予報は，ニューヨークにおける天候という状況を知るための情報である。このような情報は，ニューヨークに出張する計画を持っていない人にとっては無意味であるが，それを使用する主体の存在とは無関係に常に生成している。しかし，ある人がニューヨークへの出張計画を立てることになれば，その人は旅仕度を整えるためにニューヨークの天気予報を活用するであろう。この時，ニューヨークの天気予報という情報は，その人の知識として担われることになる。すなわち，知識は情報とは異なり，それを担う認知主体の存在を前提とし，その主体が情報の意味に適応して行動するときに，その存在（知っていると言える状態）が定義できる性質を持っているのである[3]。

　主体の目的と無関係な情報の量的な大きさは，それ自体としては価値の大きさを意味しない。企業にとって単にアクセス可能な情報が増大することは，その中から意味のある情報を発見するためのコストを増大させ，却（かえ）って生産性を悪化させることにもなる[4]。しかし，知識は定義上，主体がコミットする何らかの目的のために存在し，知っているという状態は，それ自体として価値があることを意味しているのである。

（3）　経営資源としての知識

　以上のように経営実務の世界では1990年代の後半以降に知識が注目されるようになったが，経済学や経営学の分野では1960年代には経済成長の要因ないし経営資源としての知識の重要性に関する指摘が行われていた。たとえば，ドラッカー（Peter F. Drucker）は，1969年に公刊した『断絶の時代』の中で，知識が現代社会では「中心的な資源」となった

---

3)　知識に関する理論的な定義について詳しくは，杉山他（2002）所収の下嶋篤「情報と知識」を参照のこと。
4)　情報投資を増加させても生産性が低下するか伸び悩む現象は，「生産性のパラドックス」あるいは「情報化のパラドックス」と呼ばれている。

ことを指摘している（Drucker, 1969）。その後，経営学者らは，知識には以下のような経営資源としての特質があることに注目してきた。

第1に，知識は物的な経営資源とは異なり，複数の主体が同時に利用すること（同時多重利用）が可能だという点である。

第2に，知識は物的な経営資源とは異なり，使用に伴って価値が減耗することはないという点である。この第1と第2の点は，知識が無限に使用できる経営資源であることを意味している。

第3に，組織のルーティンや従業員のスキルに埋め込まれた知識は，市場で取引の対象とすることができず，したがってそれを保有する企業にとっては持続的な競争優位の源泉になりうるという点である。

第4に，以上のような経営資源としての知識の特質は，知識が無形（intangible）で不可視（invisible）な性質を持つことに由来しているが，それだけに知識の存在や価値は看過されがちになるという点である。

1990年代に入ると，経営資源としての知識の特質に着目した経営学者らが，組織論や戦略論の領域で研究成果を発信しはじめた。その中でも，野中郁次郎（一橋大学名誉教授）の提唱した「組織的知識創造の理論」（野中，1990；Nonaka, 1991；1994, Nonaka and Takeuchi, 1995）は，既存の知識の利活用やその効果ではなく，新たな知識の創造プロセスに焦点を当てた唯一の理論として注目を集めた。この理論は，組織を環境に対して専ら受動的に反応する情報処理システムとして捉えてきた従来の組織論の限界を乗り超え，知識を創造し環境に影響を及ぼす能動的な主体としての組織のダイナミクスを解明したものとして学術的に大きな影響力を持つとともに，実務的にはナレッジ・マネジメントのバックボーン（背骨）として位置づけられるようになった。次節では，この理論の概要を説明する。

2．組織的知識創造の理論

　組織的知識創造の理論においては，まず西洋哲学の伝統に従って知識を「正当化された真なる信念（justified true belief）」と定義したうえで，この「正当化された信念」という側面を強調し，知識は情報とは異なり，主体の立場，見方，意図を反映し，ある目的のために存在するとしている。

　さらに，この理論では化学から科学哲学に転じたポランニー（Michael Polanyi：1891-1976）の認識論を踏まえて，知識には「暗黙知（tacit knowledge）」と「形式知（explicit knowledge）」という2つのタイプが存在するとしている。ポランニーは，科学的発見を探索者が暗黙に知る（tacit knowing）プロセスとして捉え，「我々は語れる以上のことを知っている」と述べたのであるが[5]，この認知プロセスの次元を，野中は言語化が困難で主観的な知識のタイプ，すなわち暗黙知として再定義し，これに言語化された客観的な知識のタイプを意味する形式知を対峙させたのである。

　暗黙知には熟練技能のような五感を通じて獲得した身体的スキルの他に，認知的なスキルが含まれる。たとえば，我々は100人の知人の顔を識別することができるが，どのように識別しているのかを第三者に対して言葉だけで説明することはできない。また，優れた経営者の将来に対するパースペクティブ（見通し）も認知的スキルの一種である。

　一方，科学の公式，特許明細，製品の仕様，業務マニュアルなどは形式知の具体例である。これらは，ただ書かれてある物としては情報に過ぎないが，ある目的を持った主体に担われるとき，形式知となるのである。

　組織的知識創造の理論は，これら暗黙知と形式知の相互作用がもたら

---

5)　ポランニーの認識論については，Polanyi（1966）を参照。

す知識変換（knowledge conversion）によって，新たな知識が創造されるとして，そのプロセスを〔図9-1〕のようにモデル化している。知識変換には次の4つのモードがある。

① 共同化（Socialization）

　共同化とは，個人の暗黙知を他者が経験の共有を通じて獲得することにより，暗黙知が増殖していくプロセスである。その典型例は，職人の技能伝承に見出される。徒弟は師に当たる熟練工の技能を，言葉によらず見よう見まねで習得するのである。

② 表出化（Externalization）

　表出化とは，暗黙知が対話を通じて形式知に変換されるプロセスである。言語化が困難な暗黙知は，対話の過程でメタファー（比喩），アナ

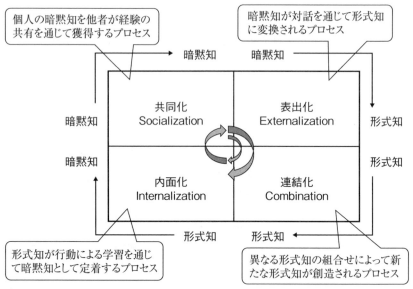

図 9-1　SECI モデル
（出所）Nonaka and Takeuchi（1995）に基づいて作成

ロジー（類比）などを介して次第に明示的になっていく。その一例は，新製品開発プロジェクトにおいて，新製品に対する開発担当者のイメージや想いが，議論を通じて明確なコンセプトとなっていくプロセスに見られる。

③　連結化（Combination）

　連結化とは，異なる形式知の組み合わせによって，新たな形式知が創造されるプロセスである。たとえば，大規模データベースを用いた研究では，そこに存在する形式知を整理，分類し，組み替えることによって，新たな知識を発見している。

④　内面化（Internalization）

　内面化とは，形式知が行動による学習（learning by doing）を通じて暗黙知として定着するプロセスである。たとえば理科教育の現場で，生徒は教科書で学んだ知識を実験してみることによって，現象の因果関係を深く理解する。この「腑に落ちる」プロセスが，生徒の自然観という暗黙知を形成しているのである。

　これら 4 つの知識変換モードの頭文字をとって，この理論モデルは「SECI モデル」と呼ばれている。組織的知識創造とは，一連の知識変換プロセスを通じて，個人の知識が組織的な知識へとスパイラルに拡大・増殖していくことを意味しているのである。

　SECI モデルは，日本企業が実施した多くのイノベーションに関するケース・スタディに基づいて構築された理論モデルである。たとえば，かつて松下電器産業（現，パナソニック）が開発した家庭用自動パン焼き器「ホームベーカリー」を対象とするケース・スタディでは，次のように知識変換プロセスが見出されている。まず，この事例ではソフトウェアの開発担当者が，優れたパン職人頭に弟子入りし，パン生地の練り方に関する暗黙知を習得した（共同化）。開発担当者は，この暗黙知

を持ち帰り，開発チーム・メンバーとの対話を通じて伝達可能な形式知に変換した（表出化）。次に開発チームは，表出化された知識を標準化し，マニュアルや計画書にまとめ，製品に組み込むことによって「ホームベーカリー」を開発した（連結化）。最後に，この開発プロセスを通じて，開発担当者とチーム・メンバーは，新製品の創造に関わる暗黙知を蓄積することができたのである（内面化）。

　イノベーションは，その本質において知識の創造であり，イノベーションを実施できる創造的な組織とは，このような SECI のプロセスを迅速に回せる組織に他ならない。次に，SECI を回すための組織の課題について見ておこう。

3. 知識創造を担う組織の課題

（1）　ナレッジ・ビジョンとミドル・アップダウンのマネジメント

　知識創造の機会は随所に存在しうるが，いつ，どこに見出されるのかを予測することは困難である。したがって，その機会を逃さないようにするためには，組織メンバーに可能な限り自律的（autonomous）な判断と行動を付託しておくことが望ましい。しかし，一方でメンバーの行動が離散的にならないようにするには，知識創造の方向性を明確にしておく必要がある。その全社的な方向づけは，経営トップのビジョンが担う役割である。トップ・マネジャーは，知識創造に向けた戦略的な意図（intention）を明確に示し，組織メンバーのコミットメントを引き出さなければならないのである。そのような役割を経営ビジョンが果たすとき，それは「ナレッジ・ビジョン」と呼ばれるものになる。

　経営トップのビジョンは，メンバーのコミットメントを引き出すうえでは壮大な理想・理念に基づくものであるべきだが，それが理想的なものであるほど，第一線社員が直面している現実的な状況と矛盾すること

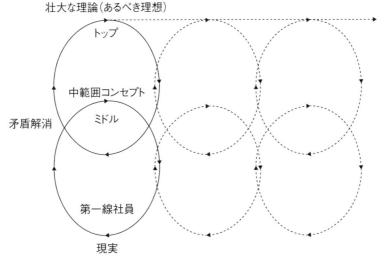

図9-2　ミドル・アップダウンのマネジメント
（出所）Nonaka and Takeuchi（1995）

が多くなる。この両者の矛盾を解消することに，ミドル・マネジャーの役割が見出される。すなわち，知識創造プロセスにおけるミドル・マネジャーの役割とは，まず経営トップが示す壮大なビジョンを実際に検証できる中範囲の概念に落とし込むことによって，第一線社員が実行に移せる課題を明らかにすることであり，また第一線社員の直面している問題の本質を概念化したうえで経営トップに上申し，全社的な方向性に影響を与えることである〔図9-2〕。意思決定に関する伝統的な議論は，「トップ・ダウン」と「ボトム・アップ」という2つの経路に注目してきたが，組織的知識創造の理論では前記のようなミドルの役割を重視し，そのプロセスを「ミドル・アップダウン」のマネジメントと呼んでいる。

（2） ハイパーテキスト型組織

　知識変換を迅速に遂行できる組織とは，どのような構造を持つ組織だ
ろうか。この問題に対する答えとして，組織的知識創造の理論は「ハイ
パーテキスト型組織」というモデルを提示している。

　「ハイパーテキスト」とは，コンピュータ・サイエンスの分野で開発
された文書の作成・閲覧に関するシステムである。それは複数のテキス
トを重ね合わせた複数のレイヤー（層）によって構成されており，オペ
レータが同時に複数のレイヤーにアクセスし，全てのテキストを論理的
なつながりに応じて参照できるようにしたものである。

　このシステムをメタファーとする組織は，〔図9-3〕に示すように，

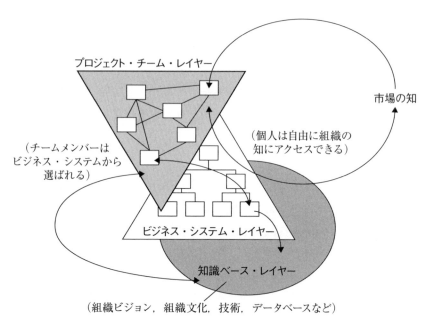

図9-3　ハイパーテキスト型組織
（出所）野中他（1993）

ビジネス・システム，プロジェクト・チーム，知識ベースという 3 つの
レイヤーから成っている。中心にあるビジネス・システムは通常のルー
ティン業務を担い，業務の効率的な運用を目的として官僚制的な組織構
造をとっている。最上部のプロジェクト・チームは，ビジネス・システ
ム・レイヤーを構成する様々な部署からメンバーを結集し，製品開発な
どの活動を担うタスクフォースである。ビジネス・システムとプロジェ
クト・チームで創造された知識は，技術や組織文化として最下部の知識
ベースに蓄積され，再構成される。ハイパーテキスト型組織とは，この
ように 3 つのレイヤー間でダイナミックに知識を循環させる組織モデル
である。

　ハイパーテキスト型組織は，一見，マトリックス組織に類似している
が，マトリックス組織ではメンバーが同時に 2 つの指揮系統下におかれ
るため，しばしば既存の所属部署とプロジェクトの間でコンフリクトに
陥るという問題が発生するのに対して，ハイパーテキスト型組織におけ
るプロジェクト・チームのメンバーは，その期間中プロジェクト・チー
ムのみに所属し，プロジェクトに集中できる点が異なるとされている。
このようなハイパーテキスト型組織の特徴は，知識創造に向けた理念
（あるべき姿）であるが，Nonaka and Takeuchi（1995）では，日常的
な研究開発活動を典型的な階層構造からなる研究所で実施しながら，緊
急の新製品開発は社長直轄のプロジェクト・チームを組織して行う企業
に，その実例を見出している。

(3) 「場」と実践共同体

　形式知は，情報システムを介して広く移転・共有しうるが，言語化が
困難な暗黙知は簡単に移転させることができない。暗黙知を共有するた
めには，個人が直接対面を通じて相互作用し，体験を共有することが不

可欠である。そのため，組織的知識創造の理論では，個人間の相互作用が起こる「場」の創出をマネジメント上の重要な課題として挙げている。

　ここで言う「場」とは，「場所（place）」や「空間（space）」のような物理的な状態を表す語には言い換えられない関係性を意味しており，英語表現では「共有された文脈（shared context）」と意訳されることがある。たとえば，我々が会議の席上で「この場では・・」という限定的な言明を行うとき，それは会議に同席しているメンバーの間で，議論を通じて形成された前後関係（文脈）に対する共通認識の範囲を意味しているであろう。そのように文脈が共有された関係性の中ではコミュニケーションが円滑に進み，全てが語られなくとも互いの意図が伝わるため，暗黙知の共有が可能になるのである。そのような場の機能を担う組織単位として，組織的知識創造の理論は，メンバーが任務の範囲を自主的に設定し，境界を超えて自律的に形成される「自己組織化チーム」に注目してきた。

　こうした性質を持つ組織は，今日，ウェンガー（Etienne Wenger）らによって「実践共同体（Communities of Practice）」と呼ばれている（Wenger, et al., 2002）。実践共同体とは，どのような組織にも存在する「人々がともに学ぶための組織」であり，「共通の専門スキルや，ある事業へのコミットメントによって非公式に結びついた人々の集まり」，「あるトピックについて関心，問題意識，熱意を共有し，それについて知識や技能を継続的な相互交流によって高め合う人々の集まり」と定義されている。

　実践共同体を発見し，支援する取り組みは，ナレッジ・マネジメントを推進する多くの組織において行われてきた。その一例は，世界銀行（The World Bank）に見られる[6]。世界銀行は，1996年に融資だけではなく質の高い知識の提供を通じて貧困を撲滅する「ナレッジ・バン

---

6)　世界銀行は，開発途上国の政府に対して，貧困削減と持続的成長の実現を目的とする融資や技術協力などを行う国際金融機関である。

ク」となることを目標として掲げ，組織内でナレッジ・マネジメントを
推進するための予算を組み，活動を統括する支援委員会を設置した。や
がて支援委員会のチームは，開発に必要な知識を広域的に共有するため
には，各地域で農村開発，道路整備，公衆衛生，水源管理などの開発
テーマに焦点を当てて活動している非公式なグループを支援する方法が
最適だと気付いた。1998年には，こうした実践共同体を支援するための
公募を行ったところ，100を超えるグループが名乗りを挙げたと報告さ
れている[7]。

　組織的知識創造の理論は，日本企業を対象とする研究から生まれた理
論であるが，知識とは何かという根本的な問題に関する考察を踏まえて
いるため，知識創造を本質とするイノベーションに対しては普遍的な説
明力を持ち，この理論がバックボーンとなったナレッジ・マネジメント
は世界的に普及した。
　ただ，組織的知識創造の理論が提唱されてからすでに四半世紀以上の
時間が経過しており，この間，理論構築の素材となった日本企業の組織
的な特質は変化している可能性がある。たとえば，一括採用した新卒者
を配置転換によって多様な職能に通じた人材に育成する雇用慣行がある
とされてきた日本企業では，ある程度共通の知識を持った人材が各職能
部門に配置されるという冗長性（redundancy）が発生する。組織的知
識創造の理論は，この一見無駄とみられる知識の重複配置が，部門間の
コミュニケーションを円滑にし，あるいは職能横断的なプロジェクト・
チームの運用を効率化することによって，知識創造を促進してきた側面
を重視してきた。このような知識の重複配置を可能にしてきた雇用慣行
が変化したとすれば，それは日本企業にどのような課題を迫ることにな
るのだろうか。この問題については，最終章で検討することにしよう。

---

7)　この事例について詳しくは Wenger, et al.（2002）を参照。

学習課題

(1) 新しい知識が生み出されたと思われる身近な例を挙げ，そのプロセスを SECI モデルで説明することが可能かどうか，確かめてみよう。
(2) 身近な実践共同体の事例を発見し，その活動を促進するためには，どのような支援を行うことが望ましいかを考えてみよう。

参考文献

・杉山公造，永田晃也，下嶋篤編著『ナレッジサイエンス』紀伊國屋書店，2002年

引用文献

・Drucker, P. F. (1969) *The Age of Discontinuity*, Harper and Row.（上田惇生訳『断絶の時代』ダイヤモンド社，1999年）
・Hammer, M. and J. Champy. (1993) *Reengineering the Corporation*, Nicholas Brealey, 1993.（野中郁次郎監訳『リエンジニアリング革命』日本経済新聞社，1993年）
・野中郁次郎 (1990)『知識創造の経営—日本企業のエピステモロジー』日本経済新聞出版
・Nonaka, I. (1991) The Knowledge-Creating Company, *Harvard Business Review*, November-December, 96-104.
・野中郁次郎，紺野登，小坂優 (1993)「知識ベース組織—ソフトウェア企業の競争優位性の源泉」『ビジネス・レビュー』41(1)，51-73.
・Nonaka, I. (1994) A Dynamic Theory of Organizational Knowledge Creation, *Organization Science*, 5(1)，14-37.
・Nonaka, I. and H. Takeuchi. (1995) *The Knowledge-Creating Company: How Japanese Companies Create the Dynamics of Innovation*, Oxford University

　　Press.（梅本勝博訳『知識創造企業』東洋経済新報社，1996年）

・Polanyi, M.（1966）*The Tacit Dimension*, Routledge & Kegan Paul.（佐藤敬三訳『暗黙の次元』紀伊國屋書店，1980年）

・Webber, A.（1999）Knowledge is Power ! Welcome Democracy ! in R. Ruggles and D. Holtshouse, eds., *The Knowledge Advantage*, 41-50, Capstone.（木川田一榮訳『知識革新力』第 1 章「民主主義時代の知識革命」ダイヤモンド社，2001年）

・Wenger, E., R. McDermott and W. M. Snyder.（2002）*Cultivating Communities of Practice*, Harvard Business School Press.（櫻井祐子訳『コミュニティ・オブ・プラクティス－ナレッジ社会の新たな知識形態の実践』翔泳社，2002年）

10 | 人材マネジメント(1)

原田　順子

《**本章の狙い**》　現代の日本はサービス業が中心であり，就業者は圧倒的に雇用者中心の雇用社会と言える。このような特徴は過去半世紀に徐々に築かれてきたことを統計を用いて理解する。次に，採用から退職管理までの一連のマネジメント・サイクルを，特に人材育成と定着の管理に注目しながら解説する。また人事管理が企業内の労使関係，外部環境〈財（モノ）／サービス市場，法制度，労働市場等〉に影響を受けること，経営資源としての人材について学習する。さらに，経営者と管理者それぞれのリーダーシップと動機づけについても解説する。

《**キーワード**》　雇用社会，マネジメント・サイクル，ブランディング，マネジャー，リーダーシップ

1. 雇用社会

　現在，わが国で就業している人のほとんどは雇用者（勤め人，被用者）であるから，日本を雇用社会と表現することは妥当であろう。しかし，このような特徴は昔からあったわけではない。〔図10-1〕に示されるように，1953年時点で雇用者が全就業者に占める割合は4割程度であり，雇用者以外の者（自営業主，家族従業者，役員等）が過半を占めていた。雇用者比率は堅実に増加し，やがて1958年に5割を超え，1976年に7割，1993年には8割を突破し，直近ではほぼ9割である。雇用社会の出現は，わが国の産業構造の変化との関連が深い。〔図10-2〕に表されるように，従来わが国の中心産業は家族労働が基盤である第1次産業

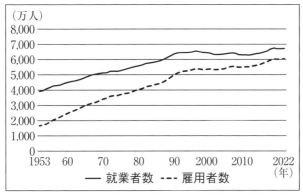

図10-1　就業者と雇用者数の推移（単位：万人）

（出所）総務省『労働力調査』各年版より筆者作成。

（注）就業者は従業者と休業者の合計。雇用者は会社や団体
　　の役員を含む。

　　　統計基準の切り替え等の理由による不連続性が含まれ
　　ている。

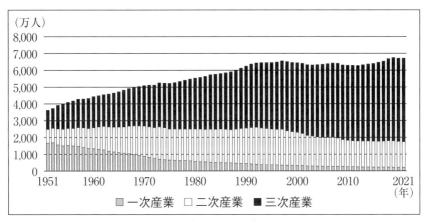

図10-2　産業別就業者数の推移（単位：万人）

（出所）総務省『国勢調査』各年版より筆者作成。

（農林漁業）であったが，工業の発展により第2次産業（鉱業，建設業，製造業）の比率が上昇した。そして他の工業国と同様に，工業化社会の次に第3次産業（サービス産業など，第1次，第2次産業以外の産業）が急速に発展した。第2次産業や第3次産業にも家族を基盤とする事業者は存在していたのだが，産業の発展による大規模化に後れをとると廃業が増加し，いつしか雇用者であることが最も一般的な就業形態になっていった。

　日本の雇用者の構成を性別でみると，女性が44.5％を占めている。この数値は，主要な先進国が加盟するOECD（経済協力開発機構）の平均値に等しい（OECD, 2022）。また労働時間について男女の差異（フルタイム／パートタイム）に注目すると，日本のパートタイマーの67.4％が女性である。社会における性別役割分担が推測されるが，この数値についてもOECD平均は67.2％と，わが国の状況に近似している（OECD, 2022）。

2. 現代社会の人材マネジメント

（1）　マネジメント・サイクル

　経営において，組織内で人が生き生きと働けるように体制を整えることは極めて大切である。いかに売り物の財（モノ）やサービスに競争力があったとしても，それらを活かすのは人に他ならない。企業の人事管理は次のように一般的なマネジメント・サイクル（PDCAサイクル：Plan, Do, Check, Act）（Aの部分は，Action, Adjustと言われることもある）をまわすことで成り立っている。

　①最初に，募集に際しては，有能な応募者を募るためのブランディング（働くに値する会社であることの周知）が求められる。理念的な

価値のみならず実際的な価値（成長力，収益力，労働環境等）も重要であり，実績や社内体制を自社ホームページや各種媒体を通じて示すことが効果的であろう。同時に，有名採用サイト，転職コンサルティング会社，インターンシップ（新卒の場合）などを慎重に管理しなければならない。

②選抜後には，適正な人事管理と人材開発の実施が求められる。時代に合った企業文化／風土やマネジメント・スタイル（例：上司と部下の頻回な１対１の定期面談である１on１，上司による「指導」ではなくコーチング），適切な評価，心理面の配慮（心理的安全性の確保，アンガー・マネジメント，ストレス診断），苦情／紛争の制度整備，動機づけ，人材育成（段階的な研修，自己啓発の援助，リーダーシップの育成等）などが挙げられる。

③上記と表裏一体とも言えるが，報酬と定着の制度整備が必要である。すなわち，報酬制度，人事記録整備，各階層の後継者と幹部人材の育成計画，従業員の立場からのキャリアプランニング，従業員福祉の向上などである。

④次に，退職管理（中途退職，早期退職，定年退職等）があり，再び①〜④の流れが繰り返される。

　人事管理は企業の内外の環境と関連して決まる。まず，内部に目を向けると，経営者の掲げる戦略と計画，独自の経緯（これまでに築かれた慣行，組織，企業文化等）があり，一方で労働者側（労働組合，従業員代表者制等）の意思が存在する。経営者は企業内労使関係とバランスをとりながら人事管理を行う。そして外部から，財（モノ）／サービス市場，法制度，政策，労働市場が人事管理に影響を与える。財（モノ）／サービス市場の状況は現状の企業業績，将来の経営戦略／計画と密接に

つながってくる。仮に国際化を戦略的に進めるとすれば，現地へ従業員を送るための派遣者研修を実施したり，海外事情に明るい人や外国人を採用したりするであろう（例：ダイバーシティマネジメント）。また好況か否かによって人事面の原資が変動する。法制度や政策は，法令遵守（例：長時間労働是正）が前提であることは言うまでもないが，努力義務（例：労働安全衛生法上の努力義務），政策，社会的変化（例：ICTの進化，リモートワーク，価値観の多様化)，労働市場の変化（労働人口減少に伴う優秀な人材の獲得競争，女性労働の質的・量的面）も人事管理に影響を与える。

（2）　管理職（マネジャー）の役割

　もしも自営業者とその家族が大半を占めるような労働市場であれば，組織経営を学習するうえで雇用者に注目するする必要性は高くないだろう。しかし現実に就業者の約9割が雇用者であり，経営者にとって従業員を必要なだけ採用し，効率的に働かせることは大切な課題であり，労働者にとっては組織との関わり方・働き方は重要な関心事に他ならない。

　特に，産業の高度化によって不定形で裁量の大きい仕事が増加した結果，ヒトの内面に宿る知識や気分，リーダーシップのような組織人の関係のあり方等が能率に与える影響が増大した。宮下（2013）は現代は「情報の時代」から「知識の時代」へと変化したと分析し，〔表1-1〕（p.13）のように整理している。かつては有形の資産を用意して工場で製品を作ることが価値と利益を生む最良の方法であったが，現代では目に見えない知識などソフトを動かして富を生むのが人と組織である。また旧来は階層組織で分業されたホワイトカラーが定型的業務プロセスにしたがって働くことが求められた。しかし現代の変化は，必ずしも階層に分断されていない組織構造の中で知識ワーカーが非定型的業務プロセ

スにより協業する傾向が見られるようになった。宮下（2013）の分析は質的に新しいアウトプットが求められる時代になったことを強調するものである。

　組織を導くのは経営者と管理者であるが，組織階層における両者の位置づけと役割は異なり，それぞれの責任，権限，機能がある（森本，1989）。一方，共通する点は，経営者も管理者も業務達成のために指揮と統制を通じてマネジメント・サイクルを意識して計画実行するという機能を担っていることである。また両者は意思決定（定型的意思決定と非定型的意思決定），リーダーシップ，動機づけの役割を担っている面も共通する。しかし，これら3要素の割合は経営者と管理者の間で差異がみられる〔図10-3〕。経営者は管理者よりも意思決定の役割が大きく，中身も非定型的な意思決定が多く難易度が高いと考えられる。たとえば，経営者の重要な意思決定として事業領域（ドメイン）の決定がある。市場の境界は経営者が主体的に自社の置かれた経営環境や体力，今後の方向性等を考慮しながら何度でも再定義され得る（高橋，2016）。鉄道に特化している鉄道会社がある一方で，沿線の不動産開発をする会社もあるように，自己決定すればよいのである。また自社事業領域の決定と関

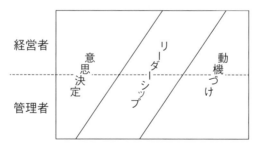

図10-3　経営管理の共通役割とそのウエイト
（出所）森本三男（1989）『経営管理』放送大学教育振興会，p.52.

連して，他社との連携や取引関係の決定も重要な意思決定である。どこまでを外注し，何を内生するか決定し，その決定にリスクはないか，将来のためにそれで構わないのか常に検討が必要である。

　リーダーシップは，決断力，構想力，環境認知力，活性化力などを総合して意思決定することで発揮されるので，意思決定と密接に関連している（森本，1989）。またリーダーシップと動機づけも関連が深いが同じではない。リーダーシップは経営者・管理者の行動であるのに対して，動機づけは部下の意思形成の問題なので区別することが適当である。また経営者のリーダーシップは制度的，動機づけは全体的であるが，管理者のリーダーシップは小集団的，動機づけは対面的・個別的になる傾向が見られる。

　最後に，各種経営要素についてみてみよう。一般に，ヒト，モノ，カネ，情報は経営の4要素と考えられている。情報の意味は，やや広くとらえられており，事業活動の商品としての情報に加えて，企業内部に蓄積された技術力や信用・ブランドも含まれる。そして情報的経営資源は，主に組織に働く人の中に蓄えられていることから，「人材」は4要素のうち2つに直接関わる重要な資産である（伊丹・加護野，2022）。これらの経営資源を，「可変的か固定的か」，「汎用的か企業特性的か」の2軸により分類すると，〔図10-4〕のように表わされる。ある資源の固定性が強いとは，それを増減させるのに時間やコストがかることを意味する。また，ある資源の企業特性が強いとは，企業特殊的であるため他の企業では通用しないことを指す。〔図10-4〕に示されるように，市場経済下では貨幣が媒介手段であるから，カネ（特に短期資金）が可変性と汎用性ともに最も高い。一方，技術・顧客情報・ブランド・信用・組織文化・従業員のモラールの高さなどの情報的経営資源は，金銭的対価を支払えばすぐに得られるものではなく（固定性が強く），かつ企業特性

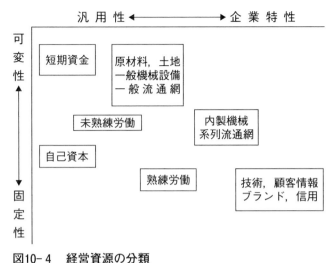

図10-4　経営資源の分類
(出所)　伊丹敬之・加護野忠男（2022）『ゼミナール経営学入門 新装版』第4版，日本経済新聞出版，p.33.

を体現している。汎用性の高い経営資源は市場調達が容易（可変的）であり，企業特性が高い資源は市場調達が困難（固定的）である。〔図10-4〕の縦軸と横軸には負の相関関係がみられることに注目してほしい。

　また，熟練労働は未熟練労働と比較して，固定性，企業特性が高くなる。前述のように情報的経営資源が労働者の中に宿ることを考え合わせると，技能や勤続年数の異なる人材を，どれだけ，どのような条件で雇用するかという問題は極めて重要である。経営者と管理者は経営資源の可変性，市場調達の困難度などに考慮しながら各種の意思決定を行い，会社を率いていくのである。

　戦後のわが国で，長期雇用，年功的賃金体系，企業別組合は日本的雇用慣行の三種の神器と言われてきたが，とりわけ大企業においてこれらの特徴が顕著であると言える（第15章で詳しく学習）。長期雇用と年功

的賃金体系は企業内部における人材育成を促進した。人材育成は一種の投資である。短期雇用が前提でないからこそ，経営者は従業員の人材育成に熱心になれる。また年功的賃金体系（キャリア後期の賃金が高い）であるがゆえに勤続に見合った人材価値に育成しなければ，会社内の矛盾が肥大化してしまう。

　人材は，最近，以下の理由で人的資本という観点から改めて注目されている。企業経営において無形資産などの非財務情報の重要性は広く周知されているところであるが，主要国の上場企業において非財務情報（人的資本情報はその一種）の開示が義務づけられた（方山，國澤，2022）。こうした動向は欧州および米国で先行したが，わが国においても2023年3月期決算から有価証券報告書に従業員の状況（女性管理職比率，男性育休取得率，男女間賃金格差），サステナビリティ情報（人材育成方針，社内環境整備方針，人的資本や多様性について測定可能な指標と目標）等の記載が求められることとなった。このように人的資本は実務面で注目を集めているが，次章では人的資本という概念の理論面について学習する。

学習課題

───────────────────────────────

(1)　日本の労働市場において雇用者はなぜ増加したのか。自分の居住地を例に考えてみよう。

(2)　採用活動において自社のブランディングは重要である。若年世代が働きたいと魅力を感じるような新しい価値観にはどのようなものがあ

るだろうか。

注：本章は原田順子（2020）を基に改変した部分を含む。

外国語参考文献

・OECD（2022）*OECD Labour Force Statistics 2021*,
　　<https://doi.org/10.1787/177en93b9-en.>（2023年4月6日検索）

日本語参考文献

・伊丹敬之・加護野忠男（2022）『ゼミナール経営学入門 新装版』第4版，日本経
　　済新聞出版
・方山大地・國澤勇人（2022）「人的資本の情報開示の現状」『企業と人材』5月号，
　　No.1111，pp.52-57
・総務省『国勢調査』
　　<https://www.e-stat.go.jp/stat-search/files?page=1&toukei=00200521>（2023
　　年4月11日検索）
・総務省『労働力調査』
　　<https://www.stat.go.jp/data/roudou/>（2023年4月11日検索）
・髙橋伸夫（2016）『大学4年間の経営学が10時間でざっと学べる』KADOKAWA
・原田順子（2020）「組織マネジメントと働き方」原田順子・若林直樹編著『新時
　　代の組織経営と働き方』第1章，放送大学教育振興会
・宮下清（2013）『テキスト経営・人事入門』創成社
・森本三男（1989）『経営管理』放送大学教育振興会

11 | 人材マネジメント(2)

原田　順子

《**学習目標**》　本章では人の能力を開花させ，十分に仕事において力を発揮させる方策として，職業能力の形成に焦点を当てて論じる。人的資本は一定不変ではなく何らかの訓練（学校教育，企業内教育，その他の職業教育等）により発達させることができる。最初に，この考え方に関連する理論的フレームワークを学習する。次に，企業のみならず，個人・家計・行政は相互に関連しながら，家庭教育・養育，学校教育，職業訓練等を通じて人的資本を形成していることを理解する。さらに，それらを踏まえて職業能力の向上方策について学習する。近年，リスキリング（reskilling）やアップスキリング（upskilling），すなわち「（社会人の）学び直し」が重視されている。しかし従来より企業は人材育成に取り組んでおり，OJT（on-the-job training），Off-JT（off-the-job training），自己啓発という伝統的なツールが活用されてきたことを紹介する。

《**キーワード**》　人的資本，職業能力，職業訓練，学び直し，OJT，Off-JT，自己啓発

1.　職業能力の理論

　職業能力は一定不変ではなく，何らかの訓練（学校教育，企業内教育，その他の職業教育など）により発展させることができる。この考え方に基づいて様々な人材育成策が試みられ，発展してきたと言える。

　本節では，人的資本に関する主要な理論的フレームワークとして，（1）職業能力と人的資本理論，（2）教育資本論と内生的成長理論を紹介する。

（1）　職業能力と人的資本理論

　最初に，人の能力，特に職業能力を中心に論じたいと思う。経済活動に関しては労働者の能力向上が重要であるということは，いくつかの方面から指摘されてきた。1950年代に，経済学において労働の質，すなわち人的資本という概念が認められ，人的資本の開発，人的資本と生産性や経済成長との関連性が本格的に論じられるようになった。それ以前はこれらについては論じられず，能力と収入の関係が議論されるのみであった（例：Burt, 1943; Roy, 1950; Staehle, 1943）。その後の人的資本理論に関する研究としては，学校教育，健康，OJT（働きながら実地で学ぶこと on-the-job training）等と経済成長の関連性が指摘されるようになった（例：Muskin, 1962; Weisbrod, 1962）。中でも注目されるのはMincer（1958, 1962）の研究である。OJT の水準が収入格差を説明できるとした彼の研究は，企業内の人的資本に関する議論の端緒となった。さらに，Oi（1962）は，企業が労働者に提供するトレーニングには，一般的トレーニングと企業特殊的トレーニング（その企業でしか必要とされない技能に関するトレーニング）があること，企業特殊的トレーニングの費用を労働者と企業がどのように分かち合うかということ等を論じた。こうした研究の潮流のなかで，Becker（1962）は各種の議論を統合して人的資本理論の基礎となる論文を完成させた。彼の人的資本理論は OJT に焦点を当てている。この理論は以下に示す仮定のもとで，OJT の費用を労使がどのように負担しあうことが合理的かを論じ，勤続年数とともに賃金が上がる右肩上がりの賃金カーブに一定の合理性を見出すことができる（これに加えて，わが国では内部昇進と企業内人材育成が重視されるため，今日でも，Becker 理論は企業の人材マネジメントを論じる際に引用されている）。この理論の仮定とは，① OJT を通じて労働者は企業特殊的スキルと一般的スキルを得る，②勤続年数とと

もに OJT の効果が累積される，③したがって，勤続年数が長いと生産性が向上するという傾向が見られる，である。Becker の人的資本理論は半世紀も前に公刊されたものだが，OJT，企業特殊的スキル／一般的スキルは，今日においても，日本の職業能力の議論に欠かせない概念となっている。

（2） 教育資本論と内生的成長理論

　続いて，教育資本論と内生的成長理論を紹介する。これらは，Becker の人的資本理論のように企業内の人的資本形成に特化した理論ではなく，人的資本と経済成長に関するものである。経済成長の源泉は企業の発展であるため，関連理論として重要である。

　教育資本論は，教育水準の向上が国民所得の上昇に結びつくという議論である。前述のように，Weisbrod（1962）等による人的資本と経済成長に関する議論がよく知られている。彼らの業績は日本の教育行政に影響を与えた。文部省（1962）はアメリカとソビエト連邦における学歴構成の高度化と経済成長の相関を指摘したうえで，次のような問題を具体的に検討することが社会の要請であると論じている。すなわち，①国民所得や政府支出の中の教育投資のあるべき比重，また，教育投資と他の投資や消費とのバランスのあり方，②教育のなかでの重点分野，③教育費の負担を国，地方公共団体，私立学校，生徒の保護者がどのように分担するか，という問題である。高度に産業が発達した社会では教育の重要性が高まるため，日本においては政府のみならず国民一般の間で教育と経済成長の関連性は広く認識されてきた。そのような日本人にとって，以下に述べる内生的成長理論は直感的に理解しやすい。

　内生的成長理論は1980年代に登場した。1950-60年代に主流であった経済成長理論は，経済成長は技術進歩の速度という独立的な変数と関連

していると仮定していた。独立的とは，経済学用語では外生的と言い表わされるが，企業の技術は天から与えられるような決まった水準であり，企業の行動（学習）や労働者の人的資本によって影響を受けないという仮定である。それに対して内生的成長理論は，アイデアないし技術が生産に影響を与えると仮定している。そして，アイデアないし技術は技能蓄積の時間（教育や研修），生産や投資に関する経験（learning-by-doing），ある生産者から他の生産者への知識の伝播（スピル・オーバー）等を通じて，経済成長に結びつくのだと論じられた（たとえば Lucas, 1988; Romer, 1986）。

2.　人材育成のマクロ的視点

　職業上の技能の形成というと，すぐに企業内の人的資本形成を連想するが，職業上の技能には企業以外の主体（家計や政府）も関わっている。正規の教育プログラムは国が指導要領を作成しているし，家計は塾，情操教育（習い事），高等教育などに多大な支出をしている。また，在職中か離転職のタイミングかに関わらず，「学び直し」（リスキリング reskilling，アップスキリング upskilling 等）は職業生活に取り入れられてきた。職業訓練や資格取得を経て新しい分野の仕事につくことがあるが，そこに公的支援が活用される場合がある。したがって，社会の中の企業という視点は重要であるから，人的資本形成をマクロ的視点から捉えたいと思う。

　人的資本の中で学歴や資格は一度獲得すれば失うことがなく，転職・転地にかかわらず個人が持ち運び可能で，就職活動には重要なポイントになる。職業資格についてみると，①医師，税理士，司法書士，危険物取扱者，毒物劇物取扱責任者など，資格保持が仕事をする条件となる業務独占型のものの他，②中小企業診断士（国家資格），実用英語検定

（公的資格），簿記検定（民間資格）等の能力認定型のものがある（宮下，2005）。各経済主体（家計，企業，政府）それぞれが人的資本の形成に貢献している。

このフローチャート〔図11-1〕に沿って説明すると，家計は教育を通じて人的資本の形成に寄与するが，子どもを健康に育てるという重要な役割を担っている。生活習慣や倫理観を教える家庭教育は大切である。また，富裕層に限らず，一般の家庭が学校教育に関連する結構な金額の費用を負担している。初等・中等教育期間には多くの子どもが塾・習い事に通い，ほとんど全ての高等教育は有料であるが，これらの費用は家計から支払われることが多い。また，アカデミックな勉強以外に，就職前に職業訓練を受ける人もいる。このような投資によって，人は直接・間接に役立つ知識・技能を獲得する。

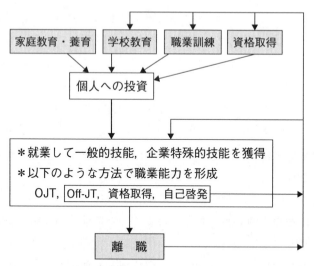

図11-1　人的資本形成マクロ・モデル
（出所）筆者作成

　そして，就職をすると企業内で職業上の人的資本形成が始まる（後述）。Becker の人的資本論の用語によると，転職しても役立つ一般的技能，当該企業でしか役立たない企業特殊的技能を学ぶことになる。企業は，わが国の職業能力の開発に大きな貢献を果たしている。大企業でも中途採用が増加しているものの，採用の主流は新卒一括採用である。職業経験のない人々に社会人の基本マナーからはじまり，難易度の高い仕事まで徐々に教える長期的な人材育成が試みられている。特に，文系の高等教育を受けた人の場合，専門性がなくても入社後に配属先においてOJT を中心に仕事を覚えて行くことが珍しくない。大企業に就職が内定したといっても，具体的な仕事分野ないしは配属先が決まっていないことは，ごく一般的な現象である。

　就職後，長期的に企業内で職業能力が育成（OJT，または社内外の研修等の Off-JT：off-the-job training）される一方で，自己の意思により（すなわち自己啓発として）学校教育（生涯教育，学位取得等），職業訓練（職業訓練コース，MBA 等），公的資格取得などを通じて職業能力を向上させる人もいる。さらに，離職した場合は直に再就職，ないしは学校教育・職業訓練を経て再就職と道は分かれる。

　国や都道府県が設置運営する職業能力開発促進センター（ポリテクセンター），職業能力開発校など，公共職業能力開発施設においては，離職者訓練に最大の比重がかけられている。その内容は技能訓練が中心で，〔表11-1〕に示されるように，2021年度の公共職業訓練実施状況を見ると離職者訓練が10万8千人で最も多く，在職者訓練が9万2千人でそれに続くが，学卒者訓練は1万人代で最も少ない。

　以上，人的資本の理論的フレームワークと人的資本形成のマクロ的フレームワークについて解説した。これらから次のような事柄が導かれる。まず，人的資本は一定不変ではなく何らかの訓練（学校教育，企業内教

表11-1　2021年度公共職業訓練実施状況

	実施状況 （人）	対象	およその 訓練期間	主なコース
離職者訓練	108,150	ハローワークの求職者 （無料）	3月〜2年	テクニカルオペレーション，電気設備技術，住環境計画，自動車整備，木工，造園，介護サービス，情報処理等
在職者訓練	92,467	在職労働者 （有料）	2〜5日	電気工事，溶接，機械加工，機械製図，情報ビジネス等
学卒者訓練	15,841	高等学校卒業者等 （有料）	1年又は2年	生産技術，電子情報技術等
合計	216,458	―	―	

注：高齢・障害・求職者雇用支援機構と都道府県による実施訓練の合計
（出所）厚生労働省（2022a）『令和3年度　公共職業訓練等実績』

育，その他の職業教育等）により発達させることができる。その結果，企業が発展すれば国の経済が成長するため，国が人的資源形成に関わることは理にかなっている。そして国の経済成長は〔図11-1〕のようなフローを通じて「個人への投資」を強化するため，人的資本形成にプラスの効果を与えて好循環につながるのである。

3.　企業における人材育成

　本節では企業内の主な人材育成について学習する。一般的に企業は従業員の育成を図り，組織能力を高めようとする。特に基幹人材については，各キャリアステージに応じた人材育成が不可欠であり，OJT，Off-

JT に加えて自己啓発が推進される。この中で最も重視されるのは OJT であるが，階層別研修（新入社員教育，初級管理者教育，中堅社員教育，上級管理者教育等の Off-JT）を組み合わせて実施することがよく見られる（産労総合研究所，2010）。

⑴　OJT，Off-JT，自己啓発

　企業が実施する人材育成の主なツールは，OJT，Off-JT，自己啓発への支援である。OJT（on-the-job training）は仕事をしながら知識・技能を高めていくことであり，Off-JT（off-the-job training）は仕事の持ち場を離れて社内外で研修を受けることである。自己啓発には，文献の読書，自主的な研修会参加，教育機関・職業訓練機関での学習，資格取得等がある。

　厚生労働省（2022b）によると，2021年に30人以上の常用労働者を雇用する7,000以上の事業所を調査したところ，能力開発や人材育成に関して，何らかの問題があるとする事業所は76.4％であった。能力開発の中心は OJT であるが，正社員に対して計画的な OJT を実施した事業所は59.1％，正社員以外に対して計画的な OJT を実施した事業所は25.2％であった。Off-JT や自己啓発支援（片方または両方）の教育訓練費用を支出した企業は50.5％（両方支出19.7％，Off-JT のみ支出25.9％，自己啓発支援のみ支出4.9％）であるが，近年（過去3年間）は低下傾向が見られる。1人当たり平均金額は Off-JT が12,000円，自己啓発支援が3,000円であるが，これらの金額も低下してきている。

⑵　組織の3次元モデル

　シャイン（2003）はキャリアの進歩について，〔図11-2〕に表わされるように，3つの方向性があると論じている。すなわち，①職能横断的

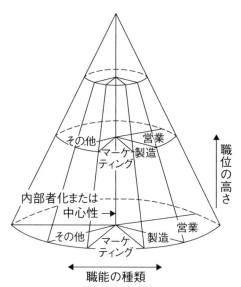

図11-2　組織の3次元モデル

（出所）シャイン，E. H.（2003）『キャリア・アンカー』金井壽宏訳，白桃書房 p.17.
（Schein, E. H. 1990 *Career Anchors: discovering your real values*, Revised Edition, New York; Jossey-Bass.）

異動（クロスファンクショナルな変化）による進歩，②職階縦断的階層異動（上方への変化）による進歩，そして③中心への接近異動（組織の重心への変化）による進歩である。第一に，職能横断的異動とは，ローテーションや教育訓練によって異なる職能（マーケティング，製造，営業など）を経験し，担当できる職能が増えるという進歩を言う。このような経験の結果，組織全体の利益を一層考えるようになるなど仕事の視野や，「各種の技能を身につけたい」といった気持ちの積極性の面が影響される。特に，生産現場において，多くの仕事に対応できる多能工の

育成は，組織の生産性の上昇に寄与すると言われている（小池，1991）。次に，職階縦断的階層異動（上方への変化）による進歩は職位や肩書の上昇である。これに関して，シャイン（2003）は，自己評価は他人からの評価と等しいとは限らないと指摘する。たとえば，課長という職位に満足しているかどうかは，傍から見ていてはわからない。ある課長は，自分の親よりも出世したと大満足しているかもしれない。しかし別の課長は，出身校の同級生を準拠集団（比較の対照とする集団）としており，中間管理職止まりでは恥ずかしいと感じているかもしれない。自身のキャリアが終点に到達したキャリア・プラトー（キャリアの高原状態）にしても，本人の内面を他者はうかがい知ることはできない。換言すると，成功の基準は主観的な面を有するのである。最後に，中心への接近異動（組織の重心への変化）による進歩について説明する。これは組織内の影響力を増すことで実感できる進歩である。客観的には組織ピラミッドを登っていないが，1つの職能に長くとどまることにより，「職場の生き字引」として地位の高い人からも頼りにされたり，インフォーマルなネットワークを築いて隠然たる影響力を獲得したりする人がいる。公式の資料だけでは計り知れない組織のキーパーソンになることは，影響力と権力という「中心」へ接近することに他ならない。

　シャイン（2003）は以上のようにキャリアの進歩を横，縦，中心への異動という3方向から論じた。実際には，これらの進歩は互いに関連することであろう。さらに，同じ進歩であっても，自己概念によって内面的影響は異なると分析される。人によっては，社内人脈を成功のあかしと考えるあまり，人脈を手放さなければならないような昇進を拒否することすらあり得る。

　一般に②職階縦断的階層異動（上方への変化）昇進／昇格は社員の労働意欲を刺激する。しかし，現代の日本のように組織が低成長に直面す

ると，昇進／昇格というモチベーション刺激策に限界が現われやすい。また，1990年代以降，ビジネス環境の激変への対応と意思決定の迅速化を求めて組織のフラット化（ピラミッド型の組織をより平坦にすること）を進める企業が頻出した。その結果，管理職層が減少し，昇進／昇格が頭打ちになる高原状態（キャリア・プラトー現象）が到来した。したがって，こうした企業では昇進／昇格以外のモチベーション維持策が必要になる。低成長下では，多くの人を昇進／昇格させていく画一的集団管理が困難となり，一律ではない（自律的な）キャリア開発（人材育成）として〔表11-2〕のような人事施策が注目されるようになった。入社時に思い描いたほど昇進／昇格が叶わない人が増加するときに，「自分でキャリアを計画する」自由度を与えることは労働意欲に良い影響を与えるであろう。また，経営環境の変化が激しい時代には，突出した専門性を持っていたり，志向したりする異能・異彩の人が役立つかも

表11-2 自律的キャリア開発施策

＊自己申告制
＊社内公募制
＊経営や事業展開に関する情報公開
＊CDP（キャリア・ディベロップメント・プログラム）
＊社内におけるキャリア相談
＊カフェテリア・プラン（研修の選択制度）
＊フリー・エージェント制

（出所）筆者作成

注：・社内公募制は部門が欲しい人材を社内で公募することである。
　　・CDP は中長期的な個人のキャリア形成に関する人材育成体系を意味する。企業が求める人材像に近づけるよう個人のキャリアを認識させ，必要なスキル獲得を支援する。
　　・フリー・エージェント制は個人が異動を希望する部門に自ら売り込みに行くことを制度化したものである。

しれない。そのため，従業員のキャリア形成を支援することに一定の意義が見出される。

　加えて，自律的キャリア開発には人事施策の硬直性を柔らげる意義もある。しかし問題点もあり，たとえば「優秀な従業員の流出により，引き抜かれた部署・部門内におけるモラール・ダウンが生じる」，「社内公募によって抜けた部署・部門の人員の補充がうまくいかない」，「現場の上司が優秀な従業員を抱え込む」，「上司に気兼ねして従業員が応募しにくい雰囲気がある」などが指摘されている（労働政策研究・研修機構，2007b）。新しい人事施策が現われる一方で，伝統的な OJT のなかで，やはり昔からあるメンター制度（先輩社員が後輩社員の指導員となり，仕事を教えたり相談にのったりする過程を通じて，先輩社員のほうも成長させる制度）を大切にし，発展させている会社もある。

学習課題

⑴　OJT の効果を高めるためにどのような方法や制度が取られることがあるか考えてみよう。

⑵　ビジネス環境の変化により知識や技能が古びてしまうことがある。そのようなときに従業員の自己啓発のみに期待することの是非を考えてみよう。

注：本章は原田順子（2012，2015）を基に改変した部分を含む。

外国語参考文献

- Becker, G. S. (1962) 'Investment in human capital: A theoretical analysis', *Journal of Political Economy*, 70(5), part2, October, pp.9-49.
- Burt, C. (1943) 'Ability and income', *British Journal of Educational Psychology*, 13(2), June, pp.83-98.
- Lucas, R. E. Jr. (1988) 'On the mechanics of economic development', *Journal of Monetary Economics*, 22, July, pp.3-24.
- Mincer, J. (1958) 'Investment in human capital and personal income distribution', *Journal of Political Economy*, 66(4), August, pp.281-302.
- Mincer, J. (1962) 'On-the-job training: costs, returns, and some implications', *Journal of Political Economy*, 70(5), Part2, October, pp.50-79.
- Muskin, S. J. (1962) 'Health as an investment', *Journal of Political Economy*, 70(5), Part2, October, pp.129-157.
- Oi, W. Y. (1962) 'Labor as a quasi-fixed factor', *Journal of Political Economy*, 70(6), December, pp.538-555.
- Romer, P. M. (1986) 'Increasing returns and long-run growth', *Journal of Political Economy*, 96, June, pp.1002-1037.
- Roy, A. D. (1950) 'The distribution of earnings and of individual output', *Economic Journal*, 60(239), September, pp.489-505.
- Staehle, H. (1943) 'Ability, wages, and income', *Review of Economics and Statistics*, 25(1), February, pp.77-87.
- Weisbrod, B. A. (1962) 'Education and investment in human capital', *Journal of Political Economy*, 70(5), Part2, October, pp.106-123.

日本語参考文献

- 厚生労働省（2022a）『令和3年度 公共職業訓練等実績』
  <https://www.mhlw.go.jp/content/11800000/000874808.pdf>（2023年4月5日
  検索）

・厚生労働省（2022b）『令和 3 年度「能力開発基本調査」』
　<https://www.mhlw.go.jp/stf/houdou/newpage_00105.html>（2023年 4 月 5 日
　検索）
・小池和男（1991）『仕事の経済学』東洋経済新報社
・今野靖秀（2011）「気になる用語解説：CDP（キャリア・ディベロップメント・
　プログラム）」『企業と人材』pp.30-31.
・産労総合研究所（2010）「第34回　教育研修費用の実態調査」『企業と人材』2010
　年10月号，pp.8-16.
・シャイン，E. H.（2003）『キャリア・アンカー』金井壽宏訳，白桃書房。（Schein,
　E.H. 1990 *Career Anchors: discovering your real values*, Revised Edition, New
　York; Jossey-Bass.）
・ジョーンズ，C. I.（1999）『経済成長理論入門』日本経済新聞社
・原田順子（2012）「ヒューマンパワーの育成」小倉行雄・佐藤善信編著『ケース
　で学ぶ現代経営学』第 7 章，放送大学教育振興会
・原田順子（2015）「キャリアについて」原田順子・道幸哲也編著『多様なキャリ
　アを考える』第 1 章，放送大学教育振興会
・バロー，R. J.・サラ‐イ‐マーティン，X.（1997）『内生的成長理論 I 』九州大学
　出版会
・宮下清（2005）「ホワイトカラーの職務能力と公的資格：ビジネス・キャリア制
　度にみる職務能力の育成と評価」『日本労務学会誌』7（2），pp.15-27.
・文部省（1962）『日本の成長と教育』
　<http://www.mext.go.jp/b_menu/hakusho/html/hpad196201/hpad196201_2_
　007.html>（2011年 7 月 2 日検索）
・労働政策研究・研修機構（2007a）『経営環境の変化の下での人事戦略と勤労者生
　活に関する実態調査』
・労働政策研究・研修機構（2007b）「社内公募制など従業員の自発性を尊重する配
　置施策に関する調査」『調査シリーズ』No.33.

12 | オペレーションズ・マネジメント

松井　美樹

《**学習目標**》　オペレーションズ・マネジメントは顧客のニーズや欲求を満た
す財やサービスの生産に関する経営職能であり，経営学の一領域である。
様々な財の製造オペレーションだけでなく，サービスの生産も対象とする学
問分野である。生産活動の目的や戦略，基礎概念，主たる学説や理論などに
ついて概観する。
《**キーワード**》　オペレーションズ，オペレーション戦略，プロセス，品質，
生産計画，在庫

1. オペレーションズ・マネジメントの概念

（1）　オペレーションズ・マネジメントとは

　オペーションズ・マネジメント（Operations Management）は，財
やサービスの生産に関する計画と実施，および改善のための経営職能の
1つである。ここで注目すべきは，生産の対象が製品や商品などのモノ
だけでなく，サービスの生産も含まれていることである。生産マネジメ
ントあるいは生産管理と呼ばれることもあるが，生産という単語がモノ
の生産を想起させる傾向が強いため，サービス化の進展とともに，近年
はオペレーションズ・マネジメントを用いることが一般的になってきて
いる。オペレーションズ（operations）と複数形になっているのは，財
やサービスの生産が単一のオペレーションによって完了することは稀で，
通常は多数のオペレーション（ズ）の結果として達成されるからである。
　オペレーションズ・マネジメント職能を遂行するためには，生産され

る財やサービスの品質，生産プロセス，生産計画，資材の在庫，サプラ
イチェーン等に関する様々な意思決定が必要となる。例を挙げれば，

1）　品質標準をどの程度に設定すべきか。いかにして品質を管理し，
　　改善するか。どのようなアプローチやツール（管理図，受入検査，
　　シックスシグマなど）を用いるべきか。

2）　どのような生産プロセスを用いるべきか。どのようにサービス
　　提供システムを設計すべきか。資材や顧客の流れをいかに制御すべ
　　きか。いかなるリーン生産原理を追求すべきか。環境持続性をいか
　　に達成すべきか。

3）　規模や立地，タイミングなど設備戦略はいかにあるべきか。い
　　かに販売生産計画を実施すべきか。需要変化に合わせて生産能力を
　　いかに調整すべきか。スケジューリングでどのような優先ルールを
　　適当すべきか。

4）　どれだけの在庫を維持すべきか。発注量や発注間隔はいかにあ
　　るべきか。どこに在庫を保管すべきか。どのようにすればサプライ
　　ヤーや顧客の在庫を調整できるか。

5）　財やサービスの生産のためにどのような供給業者と組むべきか。
　　いかに資材調達を実施し，評価すべきか。どのような輸送手段を用
　　いるべきか。効率的な資材フローのために倉庫や物流センターをい
　　かに活用すべきか。

　このような決定を下すことがオペレーションズ・マネジャーの重要な
役割となっている。これらに答える試みのルーツは，古くはアダム・ス
ミスが指摘した専門化と分業やロット生産による規模の経済の追求に始
まり，フレデリック・テーラーの科学的管理法，フランク＆リリアン・
ギルブレス夫妻の動作研究，労働生産性の向上を求めてウェスタン・エ
レクトリック社ホーソン工場で実施されたエルトン・メイヨーやフリッ

ツ・レスリスバーガのホーソン実験，ウォルター・シューハートの管理
図などに求められよう。その後，第二次世界大戦前後に本格的な研究が
始まった数理最適化手法やコンピュータを適用することによって，大規
模で複雑な課題も解決できるようになってきた。

（2） オペレーション戦略（Operations Strategy）

　上記のような様々な決定のための指針を与えるものが，組織内の上位
階層で策定されるオペレーション（ズ）戦略である。オペレーション戦
略は事業戦略や競争戦略の一部であり，基本的には事業戦略そして企業
戦略を支援するものとみなされる。オペレーション戦略の主たる要素と
して，使命，目的，顕著な能力，基本方針などが含まれ，これらはサプ
ライチェーン戦略の基礎でもある。

　オペレーション（ズ）の主要な目的は1つではなく，品質，コスト，
納期，柔軟性などが追求されてきたが，近年は環境や持続可能性を重要
な目的と掲げる組織も多い。これらの複数ある目的の中で，いずれを特
に優先して取り組むのかをステークホルダーに示すものが第1の要素，
使命である。われわれは何よりも品質重視でいく，革新的な新商品開発
に全力を挙げる，環境持続可能性を最優先する，といった形で言明され
たり，2つあるいはそれ以上の目的を同時追求したりする場合もありう
る。

　オペレーション戦略の第2の要素は，オペレーションの主要な目的，
品質，コスト，納期，柔軟性，持続可能性などのそれぞれについて，具
体的な数値目標を設定することである。顧客満足度，不良品率，製造原
価率，在庫回転数（回／年），納期遵守率，新商品開発期間（月），生産
能力調整期間（月），温室効果ガス排出量（kℓ），カーボン・オフセット
など様々な指標が利用されている。

　さらに，これらの目的を達成するために持つべき顕著な能力や利用可能な専有資源などを特定し，能力構築の道筋を示すことも重要である。これが第3の要素である。顕著な能力の例としては，製品技術，生産技術，省資源技術，営業ノウハウ，従業員の知識と態度，教育訓練プログラム，改善提案プログラム，プロジェクト・マネジメント力などが挙げられる。

　第4の要素は，プロセス，品質，生産能力，在庫，人的資源，サプライチェーンなどについて，オペレーション戦略を展開する際の一貫した基本方針を示すことである。たとえば，何を自社で生産し，何を他社から調達するか，手作りするか，機械化するか，品質アプローチの基礎を検査にするか，予防にするか，サプライヤーの選択基準として，品質を重視するか，コストを重視するか，生産能力を1つの拠点に集中させるか，複数の拠点に分散させるか，市場近接型立地か，低コスト追求型立地か，在庫を集中管理するか，分散させるか，職務の専門性を高くするか，低くするか，などの一連の基本的な選択を，できる限り矛盾することなく行うことが求められる。

　このようなオペレーション戦略は自社のみならず，自社のサプライヤーや顧客との関係性にも深く関わるが，それらのサプライヤーや顧客もまたそれぞれのオペレーション戦略を策定する。このような企業間の取引関係の連鎖がサプライチェーンを構成する。〔図12-1〕はサプライヤーから消費者に至るサプライチェーンを例示したものである。製造業者が操業している図中央の工場の視点から見ると，複数の一次サプライヤーから部品などの供給を受け，物流業者や卸売業者などが運営する物流センターに向けて製品を出荷する。物流センターから見ると，工場がサプライヤーであり，複数の小売業者が顧客となる。サプライチェーンを構成するこれらの企業にはそれぞれオペレーション戦略があり，それ

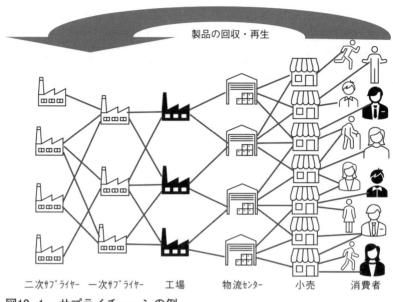

製品の回収・再生

二次サプライヤー　一次サプライヤー　工場　　　物流センター　　小売　　　消費者

図12-1　サプライチェーンの例
（出所）著者作成

　らの連鎖がサプライチェーンとしての戦略を形成することになる。オペ
レーション戦略において内的整合性が要求されるのと同様に，サプライ
チェーンにおいては，構成企業のオペレーション戦略の間の整合性が求
められる。〔図12-1〕の上部の消費者から製造業者に戻る矢印は，製品
を回収し再生するリバース・ロジスティクスを表わしている。
　典型的なオペレーション戦略としては，製品の模倣と改良を軸とする
事業戦略に基づくものと製品イノベーションを軸とする事業戦略に基づ
くものが対比的に取り扱われることが多い。また，超競争（hyper
competition）の環境のもとで，多数の目的を同時追求するオペレーショ
ン戦略，サンドコーン（sand cone）モデルなどの能力構築プロセスな

ども議論されている。

2. プロセスの選択と設計

　財やサービスの生産をいかに実現するかに関わる情報的資源がプロセスである。同じ種類の財やサービスを生産するとしても，その方法が同じであるとは限らない。対象とする顧客セグメントや需要パターンに応じて，それぞれの内部環境に合わせて，各企業はそれぞれの生産プロセスを選択したり，設計したり，改善したりしていく。ほとんどの生産プロセスは多数のオペレーション（ズ）から構成される。その典型例が手作業の動作研究を通じてギルブレス夫妻が確認した基本動作（therblig），すなわち，探す，見つける，選ぶ，つかむ，運ぶ，放す，位置を決める，組み立てる，使用する，分解する，調べる，準備する，休む，待つ，繰り返すなどの行為である。上肢等の動作を伴う行為の他，感覚器官や頭脳を用いる行為や価値を生まない行為なども含まれる。これらの個々のオペレーションをいかに組み合わせて実際の生産活動を展開するかがプロセスの設計や改善の問題であり，各企業の競争力の源泉ともなりうる。

　このようなプロセスを一般的に特徴づける要素としては，生産対象の財やサービスの特性，受注処理あるいは受注と生産のタイミング，資材や情報の流れなどが考えられる。これらを分類軸としてプロセスの類型化が図られ，プロセス選択のためのオプションとして活用されている。

（1）　プロセスの類型

　最も広く利用されているプロセスの分類軸は資材等の流れと生産量に着目するものである。この観点では，連続プロセス，組立ラインフロー，バッチフロー，ジョブショップ，フローのないプロジェクトなどが区別される。連続プロセスは高度に標準化されたアウトプットを大量かつ連

続的に生産する装置型産業（石油精製，製紙，製糖，水道，電力など）でよく見られる。差別化の余地はほとんどなく，コストが競争の決め手となるため，高度に自動化された設備を用いてほぼフル稼働を継続することが追求される。

　組立ラインフローでは，専用設備を用いて資材を一方向に移動しながら，作業者による一連のオペレーションを加えることにより，特定の製品あるいは製品群が効率よく生産される。自動車，家電製品，コンピュータ，プリンタ，その他多くの消費財製品がこのタイプのプロセスにより大量に生産されている。専用設備への大きな投資が必要であるため，標準製品の大量生産のために用いられることが多い。

　これに対して多品種少量生産に向いているプロセスがバッチフローで，ある程度の数量を１つのバッチあるいはロットとして，必要な資材等を，特定のオペレーションを実行可能なワークセンター間を移動させつつ，生産していく方法である。このバッチ生産は，汎用性の高い設備とそれを使いこなせる作業者を備えたワークセンターを適切に配置することにより，異なる品種にも対応することできる。ただし，品種により，必要なワークステーションが異なったり，オペレーションの順序が異なったりするため，資材フローは一定ではなく，錯綜したものとなる。そのため，オペレーション待ちが生じ，在庫が積み上がるといった問題も生じやすく，生産スケジューリングが重要となる。後述する受注生産に特化したジョブショップもバッチフローの一種とみなすことができる。

　もう１つのプロセスの類型は大規模な音楽イベント，ダムや高層ビルなど唯一無二のものを生産するプロジェクト型である。プロジェクトが遂行される場所に資材等が持ち込まれて様々なオペレーション（ズ）が実施されるため，通常，資材フローや作業者の移動などは生じない。過去に同じものを生産したという経験がないため，必要なオペレーション

（ズ）をすべて事前に列挙することも難しく，計画とスケジューリングが課題となる。

　受注処理，すなわち受注と生産のタイミングを軸として，プロセスの類型が議論されることも多い。従来は，顧客からの注文を受けて生産を開始する受注生産（MTO）と需要予測に基づいて生産し在庫を積み増す見込み生産（MTS）の二分法が取られていたが，これらの中間的な形態として，受注組立（ATO）が注目されるようになっている。このプロセス類型では，顧客からの注文を受けた後，予め調達されていた部品やコンポーネントなどを用いて組み立てを行い，MTOに比べて短いリードタイムで受注を満たすことが意図される。MTOでは顧客の注文を受けてから部品やコンポーネントの生産や調達が開始されるため，在庫を抑えられる一方で，リードタイムが長くなるという問題を抱えることになる。ATOでは，部品やコンポーネントの在庫を確保することにより，リードタイムの短縮が図られる。唯一無二の製品については，受注後に製品設計から始めるという受注設計（ETO）という方式が取られる場合もある。

（2）　プロセスの選択

　前項で示した資材等のフローと受注処理の2つの次元に基づくプロセス類型の中から，いずれのプロセスを用いるべきかを生産する財やサービスそれぞれについて企業は決定しなければならない。製品の特徴や需要に応じて，異なるプロセスが選ばれることも多い。これら2つの次元は完全には独立ではなく，連続プロセスではおよそ見込み生産といった対応関係も見られるが，組立ラインフローでは見込み生産も受注組立も可能であり，バッチフローでは見込み生産や受注組立だけでなく，受注生産も見られる。プロジェクト型では受注設計が通常であるが，類似品

の設計データを利用して受注生産を開始できる場合もある。一般に, 選択の自由度はかなり大きいと考えられる。

最終的なプロセス選択に影響する要因は様々なものがある。市場条件, 必要資本, 雇用条件, 技術やイノベーションの動向, 環境へのインパクトなどが挙げられる。

(3) プロセスの分析と改善

これまで述べてきたプロセスは, 生産だけではなく, マーケティングや財務, 経理など, 企業経営の様々な領域に適用可能な概念である。およそあらゆる企業活動はプロセスであり, インプットをアウトプットに変換する1つのシステムとして捉えることができる。このようなプロセス思考に基づいて, プロセスを理解し, 分析することにより, プロセス改善が可能となる。

プロセス分析は対象となる変換プロセスを図式化して表現することから始まり, これにはフローチャートが広く利用されている。フローチャートでは, プロセスの開始と終了を丸印, プロセスを構成する個々の活動やオペレーションを四角形, 意思決定分岐を菱形, それらの間の関係性を矢印で示すことが一般的である。次に, 記述された変換プロセスに対して, 資材や情報の流れ, 時間, 数量, 品質, コストなどに関する重要指標が評価され, 分析される。

資材や顧客の流れに関する分析では, 待ち行列理論のリトルの法則がしばしば適用される。リトルの法則によれば, 定常状態にあるシステムの中に滞留するものの平均数量 (I) は, そのシステムへの平均到着率 (R) と平均スループット時間 (T) との積となる。すなわち,

$$I = R \times T$$

が成立する。ここで, スループット時間とは, システムに投入されたも

のが処理される時間と待ち時間の合計である。

　また，一定時間に変換プロセスが処理可能なアウトプットの最大値である生産能力の把握も重要である。複数の生産資源が必要な場合，処理能力が最も低い資源（これをボトルネックと呼ぶ）がプロセスの生産能力を規定する。そして，生産能力，需要，供給の3つの中で最も小さいものがアウトプットのフロー率となり，サイクルタイムが決まることになる。

　このような分析に基づいて，原材料，製品設計，職務設計，活動やオペレーション，設備や工具，サプライヤーなど様々な項目を見直していけば，プロセスの改善や再設計に繋げることができる。たとえば，製品をモジュール化してATOを導入する，設備等の改善により段取り時間を短縮し，混流生産を実現する，オプション部品の装着を出荷直前まで遅らせる，といったプロセス変更を行うことにより，カスタマイズされた製品を大量に生産するマス・カスタマイゼーションが実現されている。また，大幅なプロセスの再設計を行う場合には，不必要な活動やオペレーションを取り除く，現場に必要な情報を流し意思決定を委譲するといった原則が必要となる。

3. 品質マネジメント

（1）　品質の概念

　生産された財やサービスの品質は，基本的にはそれが顧客の欲求やニーズを満たしているかどうかの問題であり，顧客によって知覚され，評価されるべきものである。顧客満足とも深く関わる。品質をいかに捉えるべきかについては異なる考え方があり，財の品質については，設計段階での仕様に着目した設計品質，実際に生産されたものが仕様通りであるか否かに注目する適合品質，利用可能性や信頼性，保全性などの製

品特性を表わすアビリティーズ（abilities），購入後の製品サポートや情報提供に関するアフターサービスなどの次元が提案されている。他方，サービスの品質については，有形物，依存可能性，反応性，信頼性，共感性の5つの次元からなる SERVQUAL がよく知られている。

（2） 品質サイクル

　品質が顧客の欲求やニーズを満たすことであることから，品質マネジメントの起点は顧客にあり，そのニーズをいかに把握し，それを満たす製品のコンセプトを創ることが問題となる。これを主に担当するのがマーケティング部門である。顧客との接触を通じてマーケティング部門が受け止めた顧客ニーズは設計部門に伝えられる。設計部門では，設計コンセプトを決めて製品仕様を固める。そして，製品仕様がオペレーション部門に提示され，これに基づいてオペレーション部門が財やサービスを生産し，品質を確認して，顧客に納品する。この顧客に始まり，マーケティング部門，設計部門，オペレーション部門からなる職能横断的チームを介して，また顧客に戻る連鎖が品質サイクルと呼ばれ，これを通じて品質の計画，管理，改善が進められる。その主要ステップは，以下の通りである。

　①　顧客ニーズに基づいて品質属性を定義する
　②　各品質属性をいかに測定するかを決める
　③　品質基準を設定する
　④　各品質基準に関する適正な検査方法を確立する
　⑤　品質不良の原因を見つけ，その原因を取り除く
　⑥　改善を継続する

　品質に対する基本的なアプローチは検査と予防である。④のステップまでは検査のアプローチに対応し，⑤以降が予防のアプローチに固有の

ステップとなる。品質不良の原因を見つけ、それを取り除くことによって、不良品の割合を減らすことができ、不良品に伴う品質コストも低減できる、さらに PDCA サイクルを回して、このステップを繰り返していけば不良品をほぼゼロにできるという考えが、予防アプローチの基礎にはある。

　この品質マネジメントのステップを支援するために、前節で触れたフローチャートを含め、いろいろなツールが品質の七つ道具として開発され、幅広く利用されている。

（3）　統計的工程管理

　検査アプローチは推測統計学の直接的な応用である。サンプリングに基づく受入検査や統計的工程管理がW・エドワーズ・デミングやジョセフ・ジュランらを通じて米国から導入された。統計的工程管理のツールとして最も普及しているのが〔図12-2〕の管理図である。特定の品質属性に関する過去のデータから計算された平均値を中央線として、それから3×標準偏差だけ上を管理上限、下を管理下限とする3本の水平線を引く。サンプリングを順次、行って、その品質属性の値を求めて、プロットしていく。この値が管理上限を超えたり、管理下限を下回ったり

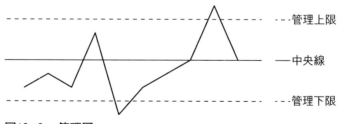

図12-2　管理図
（出所）著者作成

した場合には，工程を止めて，設備や材料，作業者などに異常がないかを確認する。このような異常ではなく，ランダムな変動によって管理限界を超える確率は正規分布を仮定すると0.26％であるので，むしろ何らかの異常を疑うべきとの判断である。

（4） 継続的改善

予防アプローチの最後のステップである改善を継続するためのツールとして，最も基本的なものはパレート図である。棒グラフの一種であるが，度数の高いものから順に並べることによって，改善の必要性の高い項目が明らかになる。また，不良の真の原因を追究するためには，〔図12-3〕の特性要因図（フィッシュボーン・チャートとも呼ばれる）が用いられることも多い。この図の中で，原因—結果の連鎖として考えら

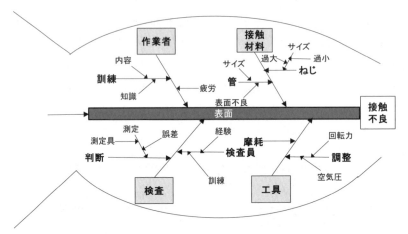

図12-3　特性要因図
（出所）Schroeder, R. and Goldstein, S. M.（2021）, Operations Management in the Supply Chain: Decisions and Cases, McGraw-Hill Education, Chapter 9. Quality Control and Improvement，p. 177の FIGURE 9.7を参考に筆者が作成

れるものが多段階にわたって示され，改善チームによる検討の素材を提供するものになっている。

　その他，ヒストグラム，チェックシート，散布図なども継続的改善に利用されている。しばしば言及される３シグマ（標準偏差の３倍）の品質レベル，すなわち1000個の中で２個か３個が不良というレベルで必ずしも十分ではないという場合もある。より高い品質基準を目指して，シックスシグマと呼ばれるアプローチが米国企業で開発され，世界中に普及している。その顕著な特徴として，トップダウンのプロジェクトと空手を模したインセンティブ方式が重要である。

4．生産計画の策定

　生産活動を体系的に進めていくため，需要予測や受注状況を踏まえつつ，生産計画が異なるタイムスパンで異なるレベルで作成されている。最も長期で戦略的な生産施設の能力計画，特定の製品カテゴリーを対象とした中期計画，現場における生産活動を具体的に指図するスケジューリングがその代表である。

（１）　長期的な能力計画

　どの程度の生産能力を持った事業所を作るか，事業所をいくつどこに作るか，将来的に生産能力の増強を行うか，などに関する戦略的な計画策定である。最低でも５年，10年以上の将来を見据えた計画であり，通常は企業のトップレベルで策定される。

　個々の事業所の生産能力については，規模の経済を最大限享受できる最も効率のよい生産水準が参考となる。このような生産水準が一定範囲の規模について続くような場合には，最小最適規模の生産水準を考慮に入れるだけでよい。事業所の数については，総需要を最小最適規模で除

して目安を求めることができる。さらに，事業所の立地については，コストや市場との距離といった経済的要因に加えて，社会的要因や政治的要因なども考慮に入れる必要がある。

ダイナミックな生産能力の調整も戦略的に重要な意思決定となる。将来の需要の増加を見越して，早い段階で大きな生産能力を構築する積極的な先行戦略を採るか，あるいは需要の拡大がほぼ確実になるまで待って生産能力増強を考えるといった慎重な様子見戦略を採るか，といった選択に直面することになる。前者は需要が拡大しなかった際に投資が回収できなくなるリスクがあり，後者は十分な市場を確保できずに非効率な規模での生産を余儀なくされてしまうというリスクがある。

（2）　中期計画

これは，1年から2年の将来を見据えた特定製品群に関する大まかな生産計画で，製品事業部やビジネスユニット単位で検討される。需要の変動を追う追跡（chase）生産か，一定水準の生産を維持する平準（level）生産かを巡る選択が主たる対象となる。追跡生産は需要に合わせて生産資源を増減させる費用が発生するが，在庫の発生を抑えることができる。平準生産では生産資源の増減は行わず，同じ生産能力を維持する一方，在庫で需要の変動をカバーするため，在庫費用が嵩（かさ）むことになる。このようなトレードオフの中で，いずれの方針で臨むか，あるいは，その折衷案も含めて，総費用を低く抑えられる方法を模索することになる。

平準生産の場合，需要が低い時期には収入が減り，生産や在庫を維持するための資金繰りがつかなくなる可能性もある。特に，需要変動が大きい製品群については，財務的な余力が十分ではない企業は追跡生産を検討してみる必要がある。

（3）　スケジューリング

　週単位あるいは日単位の最も短いタイムスパンで詳細な生産計画を立てるのがスケジューリングである。個々の生産資源の生産能力が限られている場合には，必要な生産能力が確保できるかどうかを生産資源ごとにチェックする必要もある。バッチフローのプロセスにおいては，このスケジューリングが重要でかつ困難な問題となる。実際のスケジューリングにおいては，コンピュータ・シミュレーションを用いて，多数の品目の生産順序をいろいろと変えて，すべての品目の生産が完了するまでの時間が最も短くなるスケジュールを探索したり，差し立てルールと呼ばれるヒューリスティクスを用いたりすることもある。製造業においては，納期が迫っているものから生産する，処理時間が一番短いものから生産する，といったルールがよく使われる。サービス分野では，FCFS（到着した順にサービスを提供する）ルールが基本で，これに優先ルールが追加されることもある。

（4）　時間のマネジメント：ガントチャート

　前記のスケジューリングやプロジェクトの計画や統制を考える際，時間という要素が重要な役割を占める。時間のマネジメントのための有力なツールとして広く利用されているものにガントチャートがある。スケジューリングやプロジェクト・マネジメントの基本ツールとなっている。オペレーションや活動あるいはイベントなどの順序やそれらの開始時間や終了時間，経過時間などを表わすのに便利な図である。米国においてこのツールの利用を広めたヘンリー・ガントの名前が取られている。

　〔図12-4〕はガントチャートの一例を示したものである。左側に列挙されている4つの活動（異なる品目を生産するなど）が水平のバーで示される期間に順次行われるという単純なケースである。この水平の

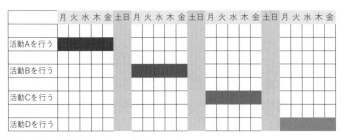

図12- 4　ガントチャートの一例
（出所）著者作成

バーの始点と終点が各活動の開始時点と終了時点を表わす。同じ活動が繰り返し実施されることもあるし，組織の場合には，同時並行的に複数の活動やオペレーションを進めることもできる。大規模プロジェクトについては，多数の活動が複雑な依存関係や順序関係の下で進められるので，進捗管理を行うにはこのような分かりやすいツールが有効である。また，どのような資源がどのタイミングで必要となるかを活動の下に追記することもできる。プロジェクト・マネジメントのソフトウェアを用いれば，このようなガントチャートを簡単に作成したり更新したりすることができる。

5.　在庫マネジメント

　最後に，生産計画の際にも登場した在庫の問題を取り上げる。在庫は生産や販売と密接な関わりを持つ。すなわち，ある品目を生産すると，その在庫は増加し，その品目を販売すると，在庫は減少するという単純で直接的な関係が成立している。ここで重要なことは，在庫は何らかの資材（原材料，部品，仕掛品，最終製品など）の特定時点におけるストックであり，生産や販売は一定期間内のフローである，ということである。

（1）　在庫の役割

在庫とは，財やサービスの生産を円滑に進めるために用いられる資材のストックであり，その最も重要な機能は，不確実性に対するバッファとしての役割である。需要や供給，リードタイムなどに関する不確実性に備えるために安全在庫を持つことが正当化される。その他の特殊状況としては，規模の経済を享受するための大量の生産や購入，需要や供給の予想される変化への対応，移動の際のパイプライン在庫などが考えられる。

（2）　在庫の費用

在庫は，財務諸表では棚卸資産と呼ばれる流動資産である。このような資産を獲得し，維持するためには固有の費用が掛かる。ここで重要な費用項目は以下の3つである。

1）　発注・段取り費用

ロットで調達したり生産したりする際の発注あるいは段取りに要する費用で，ロットサイズの大小にかかわらず，1回当たり一定の金額が発生する。

2）　在庫維持費用

一定期間，在庫を維持するために必要となる費用で，一番大きな割合を占めるのが機会費用としての資本コストである。加えて，倉庫賃貸料や保険料，税金などの保管費用，陳腐化や劣化・減耗・盗難などから生じる費用もある。通常は在庫量に比例して増加する。

3）　品切れ費用

在庫切れが生じた場合，受注残への対応，潜在的顧客の喪失，さらには培ったのれんやブランドの価値低下などによる費用が発生する。

これらの費用項目の間にはトレードオフの関係がある。すなわち，

ロットを大きくして発注・段取り費用を節約すると，平均在庫水準が
上がり，在庫維持費用が高くなる。平均在庫水準を低くして，在庫維
持費用を節約すると，在庫切れを起こす確率が上がり，品切れ費用が
高くなる。

（3）　独立需要の在庫問題

　最終製品や補修部品などの需要は市場によって定まるものであり，こ
れらの品目に関しては，在庫の補充をいかに行うかが問題の焦点となる。
需要やリードタイムに不確定性がない場合，品切れの可能性はなくなり，
発注・段取り費用と在庫維持費用のトレードオフが浮き彫りとなる。こ
こでは，独立した単一品目を取り上げ，その需要もリードタイムも一定
で既知とする。ロットで調達あるいは生産され，ロット当たりの発注・
段取り費用は一定，在庫維持費用は在庫量に比例すると仮定する。この
とき総費用を最小化する発注量を経済的発注量（EOQ）と呼ぶ。

D ＝ 年間需要

S ＝ 1回当たりの発注・段取り費用

H ＝ 1個当たりの年間在庫維持費用

Q ＝ 経済的発注量

とすると，Q は $\sqrt{2SD/H}$，その際の発注間隔 P は $\sqrt{2S/DH}$ となる。
経済的発注量は，年間需要と発注・段取り費用が上昇すると増加し，年
間在庫維持費用が下がると上昇する。

　次に，需要に不確定性がある場合を考えよう。手持ち在庫や発注済未
入荷量を常時観察できる場合，手持ち在庫が発注点まで減少した際に一
定量を発注する定量発注方式が用いられる。発注点方式と呼ばれること
もある。手持ち在庫など常時観察できない場合，在庫の目標水準を設定
しておき，定期的に手持ち在庫を確認し，目標水準との差を発注する定

期発注方式が用いられる。発注点や目標水準を大きくすることで在庫切れ確率を減らすことができる一方，在庫維持費用は高くなる。品切れ費用が高く評価されるならば，発注点や目標水準は高めに設定されることになる。定期発注方式の目標水準は発注間隔とリードタイムを合わせた期間の需要に対応して設定されるため，リードタイム期間の需要のみに対応すればよい定量発注方式の発注点に比べて高く設定される。

（4）　従属需要の在庫問題

　最終製品の需要に依存してその需要が決まる部品や原材料などの在庫の取り扱いについては，各事業者が自らの生産システムの一部として創意工夫が発揮されてきている。その中で最もよく知られているのが，カンバン方式と資材所要量計画（MRP）であろう。

　コンテナとカンバンカードを利用するカンバン方式では，コンテナ当たりの部品収容可能数がカンバンカードに記載されており，これをベースとして発注点や目標在庫，発注量などを設定している点で，独立需要の定量発注方式や定期発注方式の組み合わせと拡張と見られる。たとえば，ある部品について20個収納可能なコンテナを2個利用し，1つのコンテナが空になった場合にその部品を補充する場合，発注点が20で発注量が20の定量発注方式とみなせる。また，コンテナを1個だけ利用し，午前と午後に補充要員が在庫確認をして，コンテナをフル状態にする場合は目標水準が20の定期発注方式となる。このような方式で実需に合わせて生産や調達を行うプルシステムが構築される。

　他方，MRPは計画重視のプッシュシステムである。最終製品の生産計画，部品表，在庫記録などを用いて，いつどれだけの生産・購入の発注をすべきかを部品や原材料ごとに計算する。同じ部品が異なる親部品で利用されることもあり，それらを合算して発注量と発注タイミングが

決まる。部品点数の大きな製品については，多数の繰り返し計算が必要となるため，コンピュータ利用が前提となる。最終製品の生産計画に基づくシステムであるため，見込み生産の場合には実需との乖離が生じる可能性が指摘される。

学習課題

(1)　みなさんが従事している仕事や活動について，そのプロセス，品質基準，優先順序のルール，在庫の取り扱い，サプライチェーンの中での役割などの主な特徴を挙げてみよう。
(2)　関心のある企業について，その生産活動を支える顕著な能力とは何かを考えてみよう。

参考文献

・Schroeder, R. and Goldstein, S. M.（2021），*Operations Management in the Supply Chain: Decisions and Cases*, McGraw-Hill Education
・富田純一・糸久正人（2015）『コアテキスト 生産管理』有斐閣
・青山護・井上正・松井美樹編著（1999）『制度経営学入門』中央経済社
・藤本隆宏（2001）『生産マネジメント入門1 生産システム偏』『生産マネジメント入門2 生産資源・技術管理編』日本経済新聞社
・松井美樹（2021）『サプライチェーン・マネジメント』放送大学教育振興会

13 | マーケティング・マネジメント

松井　美樹

《**学習目標**》　財やサービスを通じて顧客に価値，期待，満足を提供すること，そして商品が売れる仕組みを構築することが企業におけるマーケティングである。マーケティングの基本的な考え方から，市場細分化，ターゲット顧客，顧客ニーズ，顧客満足，マーティング・ミックスなどの主要概念を整理したうえで，顧客維持のための関係性マーケティングや市場志向のマーケティング戦略の策定プロセスについて取り上げる。さらに，社内の設計部門やオペレーション部門，流通業者やサプライヤーとの関係性についても理解を深める。

《**キーワード**》　市場セグメント，ターゲット顧客，顧客ニーズ，顧客満足，顧客維持，マーケティング・ミックス，関係性マネジメント，マーケティング戦略

1. マーケティング・マネジメントの概念

　前章のオペレーションズ・マネジメントが財やサービスの生産に焦点を当てるのに対し，その前後の財やサービスの企画や市場提供，販売促進などの役割をより顧客に近い立ち位置から果たすのがマーケティング・マネジメントである。ここでは，マーケティング・マネジメントの基本概念を提示する。

（1）　マーケティングの定義

　「マーケティング」（marketing）とは，個人や集団が財やサービス

を創造し，市場に出し，自由に交換することによって必要なものを獲得する社会プロセスである。ビジネスの視点からは，個人や組織の要求を満たす交換を創出するために，財やサービスの概念形成，価格設定，販売促進，流通を計画し実行するプロセスである。より単純化すれば，売れる財やサービスをつくること，あるいは財やサービスが売れる仕組みづくりであり，そのために市場調査やデータ分析などを駆使して顧客要求を把握し，それを満たす商品企画を練り上げ，メディアを通じて的確な商品情報を提供するといったことがマーケティング・マネジメントの職能となる。

　オペレーションズ・マネジメントと同様に，物的な財だけでなく，サービスも対象となる。マーケティングが提供するものはそれだけではなく，経験，イベント，人，場所，組織，情報，考え方や概念などもその対象となりうる。

（2）　マーケティングの主要概念

　様々な要求や行動様式，背景などを持つ多数の個人や組織を全て対象としてマーケティングを展開することはほぼ不可能である。そのため，それらをセグメントに分け，それぞれの特徴づけを行ったうえで，対象とすべき顧客を絞り込むことがマーケティングの第一歩であり，市場細分化と呼ばれる。他の企業よりもより優れた方法でニーズを満たすことができる市場セグメントを定めて，製品やサービスなどを開発し，ポジショニングしていくことになる。ここでは市場は買い手側の顧客と同義に用いられている。

　顧客からの要求について，フィリップ・コトラー（2001）はニーズ（needs），欲求（wants），需要（demands）の3つを区別している。ニーズは衣食住や余暇，教育，娯楽などに対する人々の基本的な要求で

あり，これを満たすために特定の対象に向けられるのが欲求であるとされる。空腹時に何か食べたいというのがニーズである。これがより具体的に，たとえば日本人であれば，お寿司が食べたいと思い，米国人であれば，ハンバーガーが食べたいなどと思ったりする。これが欲求のほんの一例であり，年齢や性別，文化，個人的な嗜好や感情などの影響を受けて具現化される。さらに，市場に提供される特定の製品やサービスに対して，購買力も考慮しつつ，買いたいという注文を示すことが需要となる。マーケティングの諸活動は最終的には需要に影響を及ぼすことであるが，そのためには，より根源的な人々のニーズや欲求を理解し，それを満たす製品やサービスを効果的かつ効率的に提供すること，必要に応じて欲求を創造することも求められる。この過程でブランドが提示され，ブランド・イメージが構築されていく。

　ターゲットと定めた市場セグメントに対して最大の価値ないし満足を提供できる財やサービスが成功を収める。顧客にとっての価値とは，交換取引によって顧客が得る便益 B とそれに費やすコスト C の比率 B/C あるいは差額 $B-C$ で表すことができる。便益には機能的便益のみならず，感情的便益も含まれ，コストには金銭的支出のみならず，時間，エネルギー，心理的負担なども考慮される。競合に比してこの比率や差額を高めるために交渉やマーティング活動が展開される。この過程で，財やサービス，貨幣の交換を巡って，当事者間で情報やコミュニケーションが交され，双方が取引から得られる価値や取引条件が定まっていく。

　企業にとっては，顧客，サプライヤー，流通業者などとの間でスポット取引を成立させるだけでなく，それを長期的な互恵的関係に発展させていく関係性マーケティングが重要となる。初めての購入者を繰り返し購入し使用してもらえるリピーター，さらにはロイヤルティの高い顧客へと変えていくのが顧客関係のマネジメントである。そのために，企業

は高品質の財やサービスを公正な価格で提供し続け，強固な経済的，技術的，社会的つながりを深め，取引費用を削減していく。さらに，より広範囲のステークホルダーを巻き込んだ互恵的関係のネットワークを構築しようと努めることになる。

　企業がターゲットとする市場セグメントにアクセスするために利用できる経路がマーケティング・チャネルであり，価値提供システムとしてのサプライチェーンの一部を構成する。ターゲット顧客からのメッセージを受け取ったり，反対にメッセージを送ったりするのがコミュニケーション・チャネルであり，新聞，雑誌，ラジオ，テレビ，郵便，電話，広告掲示板，ポスター，チラシ，CD，DVD，インターネットなどの様々なメディアが使われる。表情や衣装，店舗の外観などを通じてメッセージが送られることがある。従来は広告などの単一方向のコミュニケーションが主流であったが，電話やインターネットなどの双方向コミュニケーション・チャネルが積極的に利用されるようになっている。

　企業が財やサービスを顧客や利用者に具体的に提示し，届けるためのチャネルが流通チャネルであり，倉庫，輸送手段，物流業者，卸売業者，小売業者などから構成される。チェーンストア制度や販社制度，電子商取引やネット通販，最近では，様々なチャネルを統合してシームレスで一貫した消費経験を生み出すオムニ・チャネルにも注目が集まっている。流通チャネルの間の商取引をより円滑化させるための金融サービスを提供する銀行や保険会社なども含める場合には販売チャネルと呼ばれる。ターゲットとなる市場セグメントをいかに定め，そのニーズや欲求をいかに的確に把握し，どのようなマーケティング・チャネルを組み合わせてターゲット顧客に訴求するかがマーケティングの重要課題と言える。

　他の職能と同様に，マーケティングにおいても企業が活動する外部環境に対する考慮が不可欠である。ターゲット顧客の他，競合企業，代替

財や代替サービスの提供企業，流通業者，販売業者，さらに市場調査会
社や広告代理店，銀行，保険会社，物流業者，電気通信業者などのサプ
ライヤーから構成され，生産，流通，販売に直接関わるものがタスク環
境である。さらに，より広義の外部環境として，人口統計環境，経済環
境，自然環境，技術環境，政治・法環境，社会文化環境における新たな
動きやトレンド，たとえば，少子高齢化，グローバル化，技術革新，規
制緩和，SDGs などにも注意が必要である。大きな時代の流れとともに，
企業のビジネス志向は生産から，製品，販売，マーケティング，さらに
社会マーケティングへと転換してきたと言える。

（3）　マーケティング・ミックス

　企業がターゲット顧客から望ましい反応を引き出し，その目的を追求
するために用いることができるマーケティングのツール群をマーケティ
ング・ミックスと呼ぶ。ジェローム・マッカーシー（E. Jerome
McCarthy）はこれらのツールを P で始まる 4 つの範疇に分類した。
すなわち，製品（Product），価格（Price），流通（Place），プロモー
ション（Promotion）である。製品については，製品のバラエティ，品
質，デザイン，機能，ブランド名，包装，サイズ，付帯サービス，保証，
返品条件など，価格については，定価，割引条件，支払い期間，信用条
件など，流通については，チャネル選択，サービス地域，品揃え，立地，
在庫，輸送手段など，プロモーションについては，販売促進，広告，販
売員，PR，直販，通販，ネット販売などに関する意思決定を包含して
いる。短期的には価格や販売員数，広告メディアや支出額を変化させ，
長期的には新製品を開発したり，チャネル政策を修正したりしながら，
企業は流通チャネルに影響を及ぼし，顧客に働きかけようとする。価格
設定においては，損益分岐点や需要の価格弾力性，品質のシグナリング

効果などが考慮される。

　4つのPは企業の側からみたマーケティング・ツールであるのに対し，それに対応する顧客側の視点として，ロバート・ラウタボーン（Robert Lauterborn）は4つのCを提案している。すなわち，製品に対応するCが顧客価値（Customer value），価格に対応するCが顧客コスト（Customer cost），流通に対応するCが利便性（Convenience），プロモーションに対応するCがコミュニケーション（Communication）である。さらに，最近では4つのPに加えて，追加の3つのPが提案され，7つのPからなるマーケティング・ミックスがしばしば用いられている。追加されたPは，ヒト（Personnel），プロセス（Process），物的証拠（Physical evidence）の3項目である。これらを一覧したものが〔表13-1〕である。このマーケティング・ミックスの決定はマーケティングにおける中心的課題の1つである。

〔表13-1〕　マーケティング・ミックス；7つのPと4つのC

7つのP	4つのC
Product　製品	Customer value　顧客価値
Price　価格	Customer cost　顧客コスト
Place　流通	Convenience　利便性
Promotion　プロモーション	Communication　コミュニケーション
Personnel　ヒト	
Process　プロセス	
Physical evidence　物的証拠	

（出所）著者作成

2. 顧客の獲得と維持

　ここでは，顧客の獲得と維持において，競合他社を凌ぐ方法について考える。顧客のニーズや欲求を満たすことがその基本である。顧客は探索費用や知識，移動可能性，所得などの制約のもとで，価値を最大化する財やサービスを選択する存在である。

（1）　顧客価値と顧客満足

　ある財やサービスが顧客にもたらす価値は，顧客がその財やサービスから期待する便益から，その財やサービスを評価，獲得，使用，廃棄するに伴って生じると見積もられる費用を差し引いたものと定義される。企業からみれば，優れた価値提案や価値提供システムを開発することによって，提供する財やサービスの便益を高めるだけではなく，顧客が負担する費用を低下させることによって，顧客価値を高めることができる。

　他方，ある商品の購入と使用から顧客が得る満足とは，顧客の期待水準と知覚された水準の比較から生ずる喜びや失望の感情である。知覚された水準が期待を下回れば，顧客は不満と感じる。反対に，知覚された水準が期待を上回れば，顧客は大いに満足と喜ぶであろう。両者がバランスしていれば，顧客は期待どおりで満足と感じるであろうが，より魅力的な商品が提供されれば，そちらに購入を切り替える可能性も高い。したがって，企業はターゲット顧客に対してより高い満足を与えることのできる商品を開発し，継続的な購入経験を通じて顧客のロイヤルティを高めようと努める。

　顧客が抱く期待水準は，過去の購入経験，家族や友人，知人からの助言，メディアを通じて提供される商品情報やメッセージなどから形成される。企業はコミュニケーション・チャネルを通じて顧客の期待に影響

を及ぼすことができる。顧客の期待が過度に高いと，失望という結果に終わる可能性が高くなる。逆に顧客の期待が低すぎると，そもそも購入に結びつかなくなってしまう。適度に高い期待を設定して，それを満たす商品を提供することが1つの方策と考えられる。顧客満足は企業が追求する1つの目標であると同時に，マーケティング・ツールとして利用される場合もある。

（2）　高業績企業の特徴

　高い価値と満足をターゲット顧客に提供しつつ，自らも高い収益性を上げている企業には共通する特徴がいくつか存在する。まず，高業績企業は主要な利害関係者（ステークホルダー）とそのニーズを的確に把握している。この利害関係者には，株主や顧客のみならず，従業員，サプライヤー，流通業者なども含まれ，互恵的取引を通じてそれぞれのニーズや期待を満たしつつ，共存関係を築いていく。従業員満足をベースに，高品質の財やサービスを開発，提供し，それが顧客満足を高め，成長と収益を生み，株主満足とさらなる追加投資に繋がるといった好循環が達成されていく。

　他方，新製品開発，顧客獲得や維持，受注処理，在庫マネジメント，アフターサービスなどのコアとなるビジネスプロセスに焦点を当てて，ワークフローを再構築し，職能横断的チームを組織し，マーケティング・ネットワークを張り巡らせて，その遂行能力を高めていく。その際に必要となる労働力，資材，機械，情報，エネルギーなどの資源については，必要に応じてアウトソーシングも活用しながら，コアとなる資源やコア・コンピタンスを磨いていく。その背景には，柔軟な構造とプロセスを許容する組織と先見の明のあるリーダー，市場志向，将来志向の企業文化などが垣間見える。

（3） 顧客の獲得

　サプライチェーン・パートナーの一員として，企業は多数の不特定の潜在需要者の中から新規顧客を獲得し，顧客との絆やロイヤルティを強化していくことに多くの時間と資源を費している。まず，その財やサービスに一般的な関心は持つものの，自社の商品を認知していない潜在需要者に対して，広告を作り，適当なメディアを用いてアプローチを図る。リードの獲得と呼ばれる段階である。販売スタッフがメールを送ったり，電話をしたり，セミナーやイベント，展示会などに出掛けたりして，潜在需要者に自社商品への認知を促す。次に，直接の面談や財務状況の確認などを介して，潜在需要者の中から購入見込みの高い潜在顧客を選別し，直接的な接触を通じて商品のプレゼンテーション，質問への回答，購入条件の交渉へと進んでいく。そして，両者間での売買取引が成立すれば，新規顧客が獲得されることになる。しかしながら，企業にとって重要なのは，顧客の獲得よりもむしろその維持である。

（4） 顧客の維持

　新規顧客がすべてリピート顧客になるという保証はなく，ある割合の新規顧客はその財やサービスに対する興味を失ったり，価値と満足がより高い競合企業の製品に購入を切り替えたりする。相当の時間と資源を費やして新規顧客を獲得しても，ロイヤルティが得られずに顧客リストから消えてしまうと，売上と利益率の低下に直結する。とりわけ，利益率の高い顧客グループの喪失は企業の存続を揺るがす場合すらある。新規顧客の開拓費用は顧客維持の費用の５倍程度と言われており，満足を実感できる機会を繰り返し提供しながら，ロイヤルティの高い顧客を維持することの重要性が叫ばれる所以となっている。ロイヤルティの高い顧客は，単に購入頻度が高いだけなく，その企業やブランドを信頼し，

新製品にも高い期待を寄せており，家族や友人，同僚にブランド経験を共有したり，SNSや口コミサイトで推奨コメントを発信したりする。これは，企業が提供する価値が継続し，改善されていることを社会に示すものであり，このような顧客に焦点を当てたマーケティング戦略の策定も必要と言える。

　顧客維持を考える際に，その現状を数値で把握することが第一歩となる。一定期間にわたって取引を継続している顧客の割合を示す顧客維持率，失われた顧客の割合を示す顧客解約率，顧客のリピート率，購入頻度，顧客生涯価値，平均注文金額といった指標が用いられている。顧客から寄せられるクレームや不満の数や内容も参考になろう。

　顧客ロイヤルティ向上と顧客維持のための有力な方法が，顧客との関係性マーケティングである。〔図13-1〕は顧客を獲得し，維持するための顧客開発プロセスを示している。すでに顧客の獲得については，購入の可能性のある全ての潜在需要者の中から購入見込みの高い潜在顧客を選別し，新規顧客に繋げるまでの過程として説明した。顧客の維持は顧客のロイヤルティを高めつつ，新規顧客をリピート顧客，得意客，優待会員，推奨者，パートナーへとアップグレードしていく過程とみなすことができる。すべての顧客がパートナーになるということはなく，途中のリピート顧客や優待会員で留まったり，リピート顧客に移行せずに終わったりする場合もある。十分な満足を得られなかった顧客に対しては，新製品や新サービスの導入時に再度アクセスを試みる場合もある。

　企業は様々な方法で，顧客のロイヤルティを高め，顧客維持に努めているが，その基本は顧客価値と顧客満足を維持，向上させることに求められる。具体的に多くの企業で採用されている方法には以下のようなものがある。

① 　魅力的なメールで適時に情報提供を行い，双方向のコミュニケー

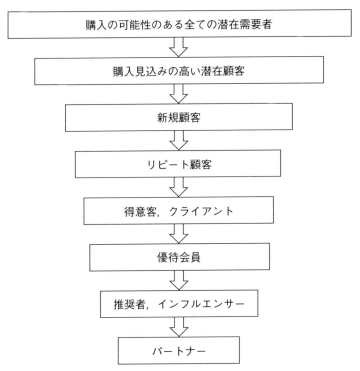

図13-1　顧客開発プロセス
（出所）Philip Kotler, Marketing Management, 2000, Prentice-Hall,
Chapter 2. Customer Satisfaction, Value, and Retention, p. 50の
FIGURE 2.5を参考に筆者が作成

ションを図る。適宜，フィードバックを求める。

② 購入時に煩わしい手続きを省き，割引やクレジットを提供する。

③ 顧客の成功を支援する価値提案を行い，優れたアフターサービスと
サポートを提供して，顧客への献身を示す。必要に応じて，アップセ
ルやクロスセルの提案も行う。

④ ロイヤルティ・プログラム，フリクエント・ショッパーズ・プログ

ラム（FSP），フリクエント・フライヤーズ・プログラム（FFP），ク
ラブ会員プログラムなどを提供し，リピート顧客に対して財務的便益
を提供する。

⑤　専属の担当者を配置したり，ブランド・コミュニティを立ち上げた
りして，リピート顧客に社会的便益を提供する。

⑥　特別な設備やクラウド・コンピューティングを通じて，高度な連携
を実現するソリューションを提供する。

（5）　品質マネジメント

　品質は価値創造と顧客満足の鍵である。設計部門やオペレーション部
門とともに，マーケティング・マネジャーは卓越した品質で他社に勝る
ための戦略と政策の策定に積極的に参加しなければならない。まず，顧
客のニーズや欲求を正確に把握したうえで，顧客の期待を設計部門に的
確に伝え，自社の製品やサービスが顧客のニーズや要求を満たしていな
いことがわかれば，オペレーション部門や設計部門にクレームを上げる
必要がある。同時に，マーケティング品質，すなわち，市場調査，販売
促進，広告，アフターサービスなどのマーケティング活動を高い水準で
実施することも求められる。

3.　市場志向戦略計画の策定

　市場志向戦略計画とは，変化する市場機会と組織の目的，スキル，資
源との適合関係を構築，維持させる経営プロセスである。その狙いは企
業の事業と製品が目標とする利益率や成長率を達成できることを保証す
ることにある。この戦略計画は，企業レベル，事業部レベル，事業単位
レベル，製品レベルの4つの異なるレベルで策定される。以下，企業レ
ベルから順に見ていく。

（1）　企業レベルと事業部レベルの戦略策定

　市場志向戦略計画の起点は企業の本社ないし本部である。本社レベルの戦略では，以下の４つの重点項目を検討し，事業部や戦略事業単位がそれぞれの戦略計画を立案するための枠組みが提示される。

① 　企業のミッションを規定する

② 　戦略事業単位（SBU）を作る

③ 　市場の魅力度と事業の強みをベースとして，各戦略事業単位に資源を割り当てる

④ 　新規事業を構想し，既存事業を縮小する

　企業のミッションについては，その目標，共有すべき価値観や基本政策が明確に示される。また，産業分野や製品やサービス，市場セグメント，コンピタンス，垂直的スコープ，地理的スコープなどに言及して，企業の競争ドメインが規定される。事業については，顧客グループや顧客ニーズ，技術などに基づいて区分される。

　③と④については，本社レベルに加えて，事業部レベルにおいて詳細な検討が行われる。その際，マトリクスやチェックリストを用いたポートフォリオ分析が有用である。1970年代にボストン・コンサルティング・グループが提唱した製品ポートフォリオ分析がその最初のものであろう。第２章２. で述べたように，縦軸に市場の魅力度を表わす市場の成長率，横軸に自社の市場占有率を取り，それぞれを高低の２つに分けて，２×２＝４象限のマトリクスを作成する。成長率は高いが市場占有率が低い象限を問題児（question mark），成長率は低いが市場占有率が高い象限を金のなる木（cash cow），成長率も市場占有率も高い象限を花形（star），両方とも低い象限を負け犬（dog）と名付けて，製品や事業を４象限の中にプロットする。そのポジションによって，各戦略事業単位に対して，どのような資源をどれだけ投入すべきかを決定し，事

業の拡大，維持，縮小，撤退などの方向性が判断される。

（2） 戦略事業単位の戦略策定

　個々の戦略事業単位における戦略計画プロセスは以下の活動から構成される。

① 事業のミッションを規定する

② 外部の市場機会と脅威を分析する

③ 内部の強みと弱点を分析する

④ 目標を設定する

⑤ 戦略を策定する

⑥ 戦略支援プログラムを策定する

⑦ 戦略支援プログラムを実施する

⑧ フィードバック情報を収集し，戦略やプログラムを見直す

　マトリクスやチェックリストなどを用いて，外部環境に存在する機会と脅威や自社の強みと弱みを分析する方法は，頭文字を取ってSWOT分析と呼ばれている。戦略の基本形として最も広く知られているのは，マイケル・E・ポーター（1985）が提示したコスト・リーダーシップ，差別化，集中の3分類であろう。自社の強みを生かし，弱みを補うためには，戦略的提携も有力な選択肢となる。戦略支援プログラムの実施は，単純な問題ではなく，企業の組織構造，システム，スタッフ，スキル，思考行動様式，共有価値などに大きく依存する。

（3） マーケティング・プロセス

　本社レベルから始まり，事業部レベル，さらに戦略事業単位レベルへと展開される戦略計画の策定は，異なるレベルにおけるマーケティング・プロセスを統合的に捉える視点を提供する。そこでは，事業活動を

顧客に価値を提供するプロセスとみなし，価値の選択，価値の提供，価値のコミュニケーションという順に展開される。最初の価値の選択はまさに戦略的マーケティングであり，市場のセグメンテーション，顧客のターゲティング，製品やサービスのポジショニングの３つの活動（STPと呼ばれる）が価値の提供やコミュニケーションといった戦術的マーケティングに先行して実施される。

　本社，事業部，戦略事業単位，いずれのレベルにおいても，マーケティング・マネジャーは以下の４つのステップで構成されるマーケティング・プロセスに従って戦略計画を策定する。

① 　市場機会の探索

② 　マーケティング戦略の策定

③ 　マーケティング・プログラムの計画

④ 　マーケティング活動のための資源確保，プログラムの実施と見直し

（4）　製品レベルでのマーケティング企画

　戦略事業単位内の各製品レベルにおいては，その目標を達成するためにマーケティング企画が立てられる。これはマーケティング活動の最も重要なアウトプットの１つであり，以下のような項目を含むべきものとなっている。

① 　要約と目次

② 　マーケティングを巡る現状把握

③ 　市場機会の分析と製品に関する課題

④ 　財務的目的とマーケティングの目的

⑤ 　目的を達成するためのマーケティング戦略

⑥ 　目的を達成するために実行すべきアクション・プログラム

⑦ 　損益計算書の予測

⑧　マーケティング戦略やアクション・プログラムの進捗管理のための
　チェック項目
　　製品レベルでのマーケティング戦略は，STP やマーケティング・
ミックスの考えに基づいて，ターゲット市場，ポジショニング，製品ラ
イン，価格，流通チャネル，販売員，アフターサービス，広告，販売促
進，研究開発，市場調査などについて具体的な方策が示される。

学習課題

⑴　みなさんが最近購買した商品について，それを選んだプロセスを記
　述してみよう。
⑵　関心のある財やサービスについて，代表的な企業やブランドのマー
　ケティング・ミックスを列挙して，マーケティング戦略の特徴を考え
　てみよう。

参考文献

・石井淳蔵，廣田章光，清水信年（2020）『1 からのマーケティング（第 4 版）』碩
　学舎
・井上淳子，石田大典（2021）『新訂マーケティング』放送大学教育振興会
・フィリップ・コトラー著，恩藏直人訳（2001）『コトラーのマーケティング・マ
　ネジメント』ピアソン・エデュケーション（Philip Kotler, *Marketing Management*,
　2000, Prentice-Hall）

・マイケル・E・ポーター著，土岐坤訳（1985）『競争優位の戦略—いかに高業績を持続させるか』ダイヤモンド社（Michael E. Porter, *Competitive Advantage: Creating and Sustaining Superior Performance*, 1985, Free Press）
・Griffin, Jill（2002），*Customer Loyalty: How to Earn It, How to keep It*, New and Revised Edition, Jossey-Bass.

14 | サービス・マネジメント

| 松井　美樹

《**学習目標**》　経済のサービス化とともに，サービス分野への関心が高まり，サービスの生産，提供，消費，利用に関する捉え方も変化している。本章では，財との対比からサービスの持つ特徴を明らかにし，企業が提供するサービスの設計，プロセス，品質，収益モデルについて検討する。さらに，価値共創を中核概念とするサービス・ドミナント・ロジックについて紹介し，サービス・イノベーションの方向性について考えていく。

《**キーワード**》　財とサービス，SERVQUAL，サービタイゼーション，サービス・ドミナント・ロジック，サービス・イノベーション

1.　サービスの概念

　総務省統計局のサービス産業動向調査によれば，わが国の GDP に占めるサービス業の構成比率は73%を超え，サービス業従事者は8割に近づいている。米国ではサービス業の就業比率はすでに8割を超えている。就業人口が農林水産業から製造業へ，さらに製造業からサービス業へとシフトしていくという古典的なペティ・クラークの法則がまさに当てはまる結果となっている。このような経済のサービス化に呼応して，マーケティング分野では1960年代から，オペレーションズ・マネジメント分野でも1970年代から，サービスに焦点を当てた研究が本格的に進められてきた。

　まず，財（goods）とサービス（services）の相違点について整理しておこう。サービスの特徴に由来して，その捉え方や定義も多様である。

ここでは，サービスとは一方の当事者（サービスの提供側）が他方の当事者（サービスの利用側）に提供する行為あるいはパフォーマンスであり，本質的に無形で，所有権の移転を伴わないものというコトラー（2001）の定義から始めることにする。

　一次産品や製造物などの財と対比するとき，サービスの主たる特徴として以下の4点がしばしば指摘される。

①無形性

　　財は有形で，目に見え，触れることができるのに対し，サービスは無形で，見ることも触れることもできない。このためサービスを正確に規定したり，定量的に把握したり，品質を評価したりすることが難しい。

②不可分性（生産と消費の同時性）

　　財は生産された後に，顧客に届けられ，消費される。これに対して，サービスの生産と消費は同時に起こる。通常，財は購入前に試用することができるのに対し，サービスは購入するまで存在しない。財の生産に顧客が直接，関与することはほとんどないが，サービスの生産の一部を顧客が分担することもできる。たとえば，店舗の窓口などのフロントオフィスでサービス提供側と顧客が直接，コンタクトしながら提供されるサービスにおいては，一定の顧客側の協力や協働が求められる。他方，顧客がいないバックオフィスで生産されるサービスについては，顧客が直接に関与することは難しい。

③消滅性（腐敗性）

　　多くの財は耐久性があり，在庫して保存することができる。他方，サービスは提供されて直ちに使用されなければ，すぐに消滅してしまい，在庫として保存することはできない。財は再販売できるが，ザービスの再販売は不可能である。

④不均一性（変動性）

　　　財と比べて，サービスは標準化が難しく，顧客の要求に合わせて
　　カスタマイゼーションが求められることが多い。このため，顧客満
　　足や品質水準の把握がより難しくなる。

　実際，企業が顧客に提供するものは財とサービスのミックスであることが多い。財のみ，あるいはサービスのみが提供される場合もあるが，財の提供にアフターサービスや保守サービスが組み合わされたり，サービスの提供時に財が利用されたりすることが通常であろう。純粋な有形財とサービスを両極とする連続体の間に，付随サービスを伴う財，財の提供を伴うサービス，財とサービスのハイブリッドといった異なる割合のミックスが提供される。財の相対的比率を下げ，サービスの相対的比率を高めていくことが製造業のサービス化や農林漁業の6次産業化で試みられている。

　ただし，経済のサービス化は財が不要になることを意味するものではない。有形の財あるいはモノが価値を持つのは，それを利用する人々のニーズや欲求を満たし，望みを叶えるというサービスを提供する手段であるからである。自動車やPCなどの財はサービスの束と捉えることもできる。より高次の欲求，あるいはより多くの欲求を満たす手段として利用可能な財の価値は高く評価されることになる。人間が究極的に求めているものはサービスであるが，多くの場合，サービスの提供には有形の財が直接あるいは間接に必要となるので，サービスの増加は財の増加を伴うのが通常である。

2. サービスの設計と品質

　企業が顧客に提供するもの（プロダクト）が財とサービスのミックスであるとすると，提供するサービスの内容やその提供プロセスを工夫し

たり，プロダクトのイメージを高めたりして，競合企業に対する競争優位を獲得する戦略が策定される。また，サービスの不可分性は，サービスにおいては生産オペレーションとマーケティングを分離して考えることは不適当であり，サービスの設計，生産，提供を統一的に取り扱うことの重要性を示唆している。

（1）　サービスの設計

　サービス企業が顧客に提供するプロダクトは有形要素の財と無形要素のサービスの特定のミックスであるとすれば，どのような具体的サービスをプロダクトの中に入れ込むか，そのサービス提供のプロセスをいかに効果的あるいは効率的なものにし，プロダクトのイメージを高めることができるのかが戦略的に重要となる。これがサービスの差別化戦略である。

　やや逆説的ではあるが，付随サービスを伴う財については，無形のイメージを重視すること，財の提供を伴うサービスについては，有形の物的証拠を重視することが差別化のために有効である場合もある。また，顧客との接点や相互作用が疎なローコンタクトのサービスや顧客からは見えないサービスについては，財の生産に準じた方法で，効率性を追求できる可能性がある。他方，顧客との相互作用が密なハイコンタクトのサービスや顧客から見えるサービスについては，突発的な顧客の到着や要求に柔軟に対処する必要があり，施設の環境，従業員と顧客の態度がサービス体験の質を決めることになる。ターゲット顧客のニーズや欲求，信条や価値観，ライフスタイルや行動パターンを深く理解したうえで，価値を創造するために顧客が担うべき役割を提示し，顧客の行動と期待に影響を与え，顧客の参加と協力を促すことにより，高い生産性を実現することができよう。

　有形要素と無形要素のミックスが定まった後に，それらをどのように
して顧客に提供していくかを具体的に設計する段階に移行する。このプ
ロセス設計を支援するものがサービス・ブループリンティングである。
そこには，従業員や顧客の活動や行為の連鎖，標準作業時間や誤差の許
容範囲，従業員の作業や活動のうちどこまで顧客に見せて，どこからは
見せないのかを決める境界の設定，サービス提供に必要なモノ，サービ
スの成果を左右する問題や失敗が発生しやすい作業や活動，その問題や
失敗に対する対処方法などがフローチャートを含めた図として記載され
る。最初は従業員視点で作業や活動が書かれていたが，人間中心設計
やデザイン思考，参加型デザインなどの影響もあって，従業員と顧客の
両視点から物的証拠も含めて記載されるようになってきている。一方，
サービスの認知から使用終了までの一連の体験を顧客視点から概念化し
ようとする試みもあり，これはカスタマー・ジャーニー・マップと呼ば
れる。

　社会におけるサービスをシステムとして最適化していくには，製造業
で培われた標準化や効率性の観点が有用であり，他方，製造業は顧客志
向や価値共創といった知見を取り入れマス・カスタマイゼーションに取
り組んでいる。その意味では，サービス業と製造業の垣根が取り払われ
て，企業内ではマーケティングとオペレーション・マネジメントの新た
な関係が生まれていると言えよう。多くのサービスに共通する課題やベ
ンチマーク問題，個人の価値観やライフスタイル，サービスに関わるス
テークホルダーの相互作用，さらには，持続可能性やグローバル化を考
慮に入れたサービスの設計が模索されている。

（2）　サービス品質

　サービスの品質を客観的に評価することは決して容易ではない。

ギャップ・モデルに基づいて，パラスラマン（Parasuraman）ら（1988，1991）は顧客が抱く期待水準と知覚された水準との間のギャップを有形物，信頼性，応答性，確実性，共感性の5つの次元で測定する方法，SERVQUAL を提案した。彼らは顧客の期待と知覚を測定するため，それぞれ22個の質問項目を用意した。

　有形物（tangibles）については，①設備，②建物，③サービス提供者の身なり，④サービスの際の提供物，に関する4つの質問項目がある。たとえば，レストランが期待していたよりも汚れていたり，食べ物が美味しそうに見えなかったり，ウェイターの恰好がだらしなかったりした場合，有形物の品質は低く評価されよう。

　信頼性（reliability）については，①約束どおりにサービスが提供されているか，②顧客が抱える問題への解決に正面から取り組む姿勢があるか，③サービスが正確に提供されているか，④約束されたタイミングでサービスが提供されているか，⑤間違いを犯さないことにこだわりがあるか，を問う5つの質問項目が使われる。レストランで7時の予約をしたにもかかわらず，その時間にテーブルが準備できていなかったり，ウェイターが間違ったメニューを運んできたりしたら，信頼性は低く評価されよう。

　応答性（responsiveness）については，①顧客への十分な情報提供，②迅速なサービス提供，③顧客支援の意志，④顧客の要求に応えようとする態度，に関する4つの質問が用意されている。たとえば，レストランがメニューに関する的確な説明を十分に行い，顧客からの質問や要求に迅速に対応し，鮮度の高い，あるいは温かい食事を適切なタイミングで配膳できるなら，応答性は高く評価されよう。

　確実性（assurance）については，①従業員の行動が信頼感を生むものであるか，②安心してサービスの提供を受けられるか，③従業員の態

度が常に丁寧であるか，④従業員は顧客の質問に答えられるだけの知識を持っているか，を測定する4つの質問が用いられる。たとえば，レストランのウェイターがメニューを熟知していて，自信を持って丁寧なサービスを提供するなら，確実性は高く評価されよう。

　最後に，共感性（empathy）については，①個々の顧客それぞれに特別の注意を向けているか，②すべての顧客にとって都合のよい営業時間であるか，③顧客に個人的な注意を払える従業員がいるか，④顧客の最善の利益を考えているか，⑤個々の顧客の特別なニーズを従業員が理解しているか，を測定する5つの質問が用いられる。たとえば，レストランのウェイターが個々の顧客に対して個別の配慮や気遣いを示し，特別なニーズを的確に理解してそれに応えるための努力を惜しまないなら，共感性は高く評価されよう。

　SERVQUALでは，これらの22項目の質問を用いて，5つの次元について顧客が事前に期待していた水準と実際に知覚された水準を別々に7点尺度で評価してもらい，その間のギャップをもってサービス品質を測定しようとするものである。たとえば，有形物の品質に関してはほとんど何も期待していないような場合，有形物に関する知覚水準がそれほど高くなくても，この次元の品質は高いと評価されることになる。この期待と知覚のギャップは，品質そのものではなく，顧客満足を測定しているのではないか，期待を先に質問することで知覚水準の測定にバイアスが生じるのではないかといった問題点が提起され，期待についての質問はせずに，知覚水準のみの質問で品質を測定するSERVPERFも提案された。これらの優劣を巡る議論から，顧客期待，知覚品質，知覚価値，顧客満足，顧客ロイヤルティの関係性に焦点を当てたACSI（American Customer Satisfaction Index）モデルなどが生み出された。

　実際，サービス品質マネジメントは，トップマネジメントの強い関与

のもと，ターゲット顧客を絞り込み，そのニーズを的確に把握し，それを満たす独自の戦略を策定することから始まる。最低許容水準を超える高い品質標準を設定し，比較購買，覆面調査，顧客サーベイ，顧客提案制度や苦情申告書など適当な方法を利用して自社と競合企業のサービス水準を測定し，評価する。自社のサービスが設定された品質標準を上回れば，より高い品質標準が設定され，最低許容水準を下回るならば，迅速な対応策が取られる。サービスに不満な顧客がすべて苦情を申告するわけではなく，実際に苦情を申し立てるのはその一部であるが，苦情に対する迅速な対応と解決は，不満を抱いた顧客をロイヤルティの高い顧客に変える機会にもなる。顧客満足と顧客との関係性を維持，向上させるための鍵は従業員の職務満足にある。職場と職務の改善，従業員教育と能力開発，サービス・ツールの提供などを通じてサービス・スタッフを支援し，彼らの業績に関する正当な評価と報酬を与えることによって，内部品質向上に努めることが肝要となる。

　ヘスケット（Heskett）ら（1994）はサービス・スタッフが知覚する内部品質から収益性に至るサービス・プロフィット・チェーンという概念モデルを提示した。そこでは，内部サービス品質がサービス・スタッフの満足度を高め，この従業員満足がサービス・スタッフの定着率と生産性を高め，定着したスタッフの生産性が顧客に対する外部サービス価値を高め，顧客に知覚されたサービス価値が顧客満足を高め，この顧客満足が顧客ロイヤリティを高め，顧客ロイヤルティが高い収益性と成長性をもたらすという一連の連鎖が描かれ，その継続的なチェック体制が求められている。

3.　サービス・ドミナント・ロジック

　サービス・ドミナント・ロジック（service-dominant logic）は，市

場取引や経済・組織・社会の特徴を統合的に理解するための新たな見方あるいは枠組みである。従来，支配的であったグッズ・ドミナント・ロジック（goods-dominant logic）のアンチテーゼとして，価値共創，経験価値，文脈価値，A2A，サービス・エコシステム，制度などを中核概念に「すべてはサービス」とする論理構造が組み立てられている。バーゴ（Vargo）ら（2004）が提示した8つの基本前提から出発し，最新では5つの公理を含む11の基本前提へと進化を遂げてきた。サービス・イノベーションや農林水産業や製造業のサービス化の理論的背景になっているとも見られている。

（1）　グッズ・ドミナント・ロジック

　サービス・ドミナント・ロジックをよく理解するためには，これと対照的な経済を見る視点として概念化されたグッズ・ドミナント・ロジックと対比してみるとよい。そこで，より伝統的な考え方であるグッズ・ドミナント・ロジックについて先に説明しておく。

　グッズ・ドミナント・ロジックは財（モノ）が支配的な論理，すなわち，モノを中心とする経済活動の捉え方を意味する。

　グッズ・ドミナント・ロジックは，売り手である企業がモノの価格（価値）を決定して顧客に提供・販売し，顧客は対価を支払って，モノを獲得するという価値の交換と所有権の移転が行われるという考え方に基づいており，従来のビジネスやマーケティングの対象の多くがこれに当てはまる。グッズ・ドミナント・ロジックではモノそのものに価値が含まれていることが前提で，その価値を創出するのが企業ということになる。企業が価値のあるモノを販売し，それを顧客が購入するという取引に焦点が置かれる。ここでの価値は交換価値である。企業と顧客の役割や関係をこのように捉えるならば，交換されるものが有形の財ではな

く，サービスであったとしても，グッズ・ドミナント・ロジックが働いていることになる。

（2）　サービス・ドミナント・ロジックの視点

　これに対して，サービス・ドミナント・ロジックは，すべての社会経済取引の基礎はサービスであるという新しい考え方を提唱する。企業が顧客に提供するプロダクトを，有形のグッズ（goods）と無形のサービシィーズ（services）に分けて考えるのではなく，顧客のニーズや欲求を理解し，価値を共創していくための手段と捉え，経済的アクターや社会的アクターによって交換されるものはサービスだけであると考える。サービス・ドミナント・ロジックにおけるサービスとは，誰かの便益のためにコンピタンスや知識，スキルなどの無形資源を適用するプロセスとされる。サービスの受益者は自らの資源と提供を受けた資源を統合し，自らのコンテクストにおいて経験価値を共創していくと想定される。すなわち，価値は知識やスキルの適用の経験を通じて，それぞれ異なる文脈を持つ企業や顧客によって共同して創造されるものと考えるわけである。そこでは，経験価値，文脈価値あるいは意味的価値，価値共創が鍵概念となる。

　サービス・ドミナント・ロジックでは，顧客は，他者あるいは自らの便益をもたらす価値共創プロセスにおいて，知識やスキル，経験を結合させることができるオペラント資源とみなされる。ここで，オペラント資源とは，なんらかの効果を期待して他の資源に対して働きかけを行う資源を意味する。これに対して，オペラント資源の働きかけの対象となる資源はオペランド資源と呼ばれる。

　バーゴ（Vargo）ら（2004）を参考に，モノ中心のロジックとサービス中心のロジックを対比したものが〔表14-1〕である。

表14-1　モノ中心の考え方とサービス中心の考え方

	モノ中心の考え方	サービス中心の考え方
交換の単位	オペランド資源であるモノを求めて交換する。	オペラント資源である特別の知識やスキル，コンピテンスの便益を得るために交換する。
モノの役割	オペランド資源であり，最終製品。マーケターがその形態，場所，時間，所有権を司る。	オペラント資源（埋め込まれた知識）の伝達手段。他のオペラント資源である顧客が価値創造の装置として利用する中間製品。
顧客の役割	モノの受け手であり，オペランド資源。マーケターが顧客を細分化し，浸透し，配送し，プロモートする。	サービスの共同生産者であり，主としてオペラント資源であるが，オペランド資源となる場合もある。マーケティングは顧客との相互作用を通じて機能する。
価値の評価と意味づけ	価値は生産者により決定される。オペランド資源（モノ）に具現化され，交換価値によって規定される。	価値は使用価値に基づいて消費者によって知覚され，評価される。受益者によるオペラント資源の適用に起因する。オペランド資源を通じて伝達されることもある。企業は価値提案ができるのみである。
企業と顧客の相互作用	顧客はオペランド資源であり，取引を創造するために資源を用いて働きかけられる。	顧客は主としてオペラント資源であり，関係性の交換と共同生産に積極的に参加する。
経済成長の源泉	富は有形資源とモノの余剰から生じ，オペランド資源の所有と支配と生産から構成される。	富は特別な知識やスキルの適用と交換を通じて得られ，オペラント資源を将来に使用する権利を意味する。

（出所）Vargo and Lusch（2004），p. 7

　当初，バーゴ（Vargo）ら（2004）は交換の当事者たちを企業，組織，生産者，顧客などと呼んでいたが，これらすべての行動主体がサービスの提供者でもあり，受益者でもあり，資源の統合者でもあるということから，包括的な用語であるアクターが一貫して使われるようになってきた。すべてのアクターが資源統合に参加するということから，アクター・トゥ・アクター（A2A）という概念が生まれ，A2A ネットワークを通じた価値共創に焦点が向けられるようになった。

（3）　サービス・ドミナント・ロジックの基本前提と公理

　バーゴ（Vargo）ら（2004）では，8個の基本前提が提示されたが，その後，新しい基本前提が追加されたり，表現が変更されたりして，バーゴ（Vargo）ら（2016）では以下の11個の基本前提となっている（変更があったものについては，最初の基本前提も括弧内に示した）。

基本前提1（公理1）：交換の基礎はサービスである（2004年版では，交換の基本単位は特別なスキルと知識の適用である）。

基本前提2：間接的交換は交換の基礎を覆い隠す（2004年版では，間接的交換は交換の基本単位を覆い隠す）。

基本前提3：財はサービス提供のための流通メカニズムである。

基本前提4：戦略的便益の源泉はオペラント資源である（2004年版では，競争優位の源泉は知識である）。

基本前提5：すべての経済はサービス経済である。

基本前提6（公理2）：受益者を必ず含む多数のアクターによって価値は共創される（2004年版では，顧客は常に共同生産者である）。

基本前提7：アクターは価値の提供はできず，価値提案の創造と提示に参加できるだけである（2004年版では，企業は価値提案ができるに過

ぎない)。

基本前提8：サービス中心の考え方は本質的に受益者志向であり，関係性を重視している（2004年版では，サービス中心の考え方は顧客志向であり，関係性を重視している）。

基本前提9（公理3）：すべての社会的アクターと経済的アクターは資源統合者である。

基本前提10（公理4）：価値は受益者によって独自かつ現象学的に判断される。

基本前提11（公理5）：アクターによって作られる諸制度や制度の組み合わせを通じて価値共創が調整される。

　以上の基本前提の中には，5個の公理が含まれている。基本前提1，6，9，10，11である。このうち，2004年の基本前提に含まれていたのは，交換の基礎はサービスとする基本前提1（公理1）と価値共創に関する基本前提6（公理2）だけであり，この2つがサービス・ドミナント・ロジックの大前提とみなすことができよう。基本前提1（公理1）の系として基本前提5が導かれ，基本前提6（公理2）の系として基本前提2と3が導かれる。さらに，基本前提4は資源統合に関する基本前提9（公理3）の系，基本前提7は経験価値に関する基本前提10（公理4）の系，基本前提8は制度に関する基本前提11（公理5）の系という論理構造が見出せる。この構造は，サービスによる価値共創のためのシナリオを描く基礎を与えるものと評価される。

（4）　競争戦略への示唆

　ラッシュ（Lusch）ら（2007）は，前項で示したサービス・ドミナント・ロジックの基本前提に基づいて，サービス分野における競争戦略に

関する以下の命題を提示している。

① 　基本前提1と4より，企業の競争優位は自らのオペラント資源を用いて顧客のニーズを他企業以上に満たすことができるか否かにかかっている。

② 　基本前提4と9より，企業が競争優位に繋がる知識を獲得できるかどうかは他者と協働するコンピテンスに大きく依存する。

③ 　基本前提6と8より，情報通信コストの低減をもたらす情報技術の優位性を維持することが，創造的協働を通じて競争優位を高める機会を提供する。

④ 　基本前提6と9より，顧客や価値ネットワークのパートナーを価値共創と共同生産活動に巻き込むことにより，企業は競争優位を得ることができる。

⑤ 　基本前提6と8と9より，サービスに関連する私的あるいは公的資源を顧客が独自の方法でいかに経験し，統合するかを理解することが，イノベーションを通じた競争優位の源泉となる。

⑥ 　基本前提6と8と9より，顧客にとって望ましい関与水準と整合的なサービス共同生産の機会と資源を提供することにより，企業は顧客経験を強化し，競争優位性を高めることができる。

⑦ 　基本前提6と7より，リスクに基づく価格設定といった価値提案を顧客と共同して開発することにより，企業はより効果的に競争戦略を展開することができる。

⑧ 　基本前提1と4と9より，資源統合で主導的な役割を担う，価値ネットワークのメンバーが，競争上優位な地位を占める。一般には，小売が資源統合を主導する立場になることが多い。

⑨ 　基本前提4より，従業員をオペラント資源とみなす企業は，そうでない企業よりも革新的な知識とスキルを創造して競争優位を獲得する

ことができる。

　多方面での相互作用能力に基づいて資源統合とサービス交換を通じた価値共創を実現できる企業は，顧客から信頼と知覚価値，感情的関与を勝ち得ることができる。そして，それが競争優位や市場成果に繋がることが期待される。サービス・ドミナント・ロジックによれば，企業にとって，顧客は価値共創とサービス・イノベーションのための不可欠なパートナーであり，顧客のニーズや欲求，望みを中心に考えることが必然となる。

　このことは，情報技術の急速な進展やインターネットやソーシャル・ネットワーキング・サービス（SNS）の普及などに伴って，顧客が企業に匹敵する情報を持ち，あるいは企業が入手困難な経験情報や暗黙的知識を蓄積することができるようになったことを前提にしている。フェイスブック（現在はメタ・プラットフォームズ）がSNSを開始し，Web 2.0の本格的普及が始まった2004年にサービス・ドミナント・ロジックが発表されたことは単なる偶然とは言えないであろう。

　製品開発が企業主導になりがちなグッズ・ドミナント・ロジックとは異なり，顧客中心のサービス・エコシステムを通じた新たなサービス・イノベーションの可能性が展望され，模索されている。サービス・エコシステムは，共有された制度（技術を含む）とサービス交換を通じた価値共創によって結びつけられた資源統合アクターから構成され，サービスの相互依存的提供とアクターと環境との相互作用とエネルギー交換に基づいて，自己充足的な自己調整機能を果たす。バーゴ（Vargo）ら（2016）はサービス・ドミナント・ロジックの展開を次のような図に要約している〔図14-1〕。

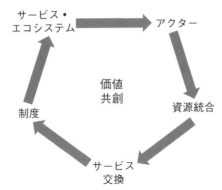

図14-1　サービス・ドミナント・ロジックの展開
（出所）Vargo ら（2016），p.7を参考に筆者作成。

4. サービス・イノベーション

　サービス・ドミナント・ロジックの考え方が浸透するにつれて，デジタル技術を利用した革新的なサービスが誕生し，製造業や農林水産業でもサービス化に向けた動きが見られる。以下，これらについて解説する。

（1）　サービタイゼーション：製造業のサービス化

　サービタイゼーションとは，1回限りのプロダクトの販売ではなく，プロダクトを用いて，サービスとしてのコト（経験や伝統，ブランド・ストーリーなど）を提供することである。以前は DVD や CD 等で提供されていた動画や音楽を Netflix や Spotify はストリーミング技術を使ってネット配信する新しい仕組みを開発した。これはサービスとしてのメディアと呼ばれ，サービタイゼーションの一例と言える。従来，製造業においてはモノを製造して販売するという売り切りモデルが主流であったが，モノの製造と販売だけではなく，販売後のアフターサービス

や製品機能自体をサービスとして提供するなど，サービタイゼーションに取り組む企業が増えている。その背景には，インダストリー4.0やスマートファクトリーなどの製造業における生産革命と消費者ニーズのモノからコトへのシフトがある。

　インダストリー4.0はドイツ政府が提唱した情報通信技術を活用し，製造業を再活性させるためのプロジェクトがベースとなっており，製造業における生産プロセスをデジタル化し，インターネットを活用してあらゆるモノやサービスを連携して，新たな価値を創出するビジネス・モデルを探求する取り組みである。インダストリー4.0の考えに従い，IoT や AI などのデジタル技術を業務プロセスに活用し，製造効率を上げている製造現場をスマートファクトリーと呼ぶ。スマートファクトリーでは，従来，コスト面で問題があった単品生産が可能となり，顧客ニーズに対応した製品をリアルタイムで生産ラインに投入でき，専門的スキルを必要とした作業についてもノウハウの蓄積からデータを体系化することにより効率的な人材配置が可能となる。製造現場での作業効率や生産性の向上につながるインダストリー4.0の本質はサービスの提供にある。情報通信技術の活用により，製造業が提供できる価値は拡大する。デジタル技術を利用して製品提供後のアフターマーケット情報を収集，解析することで，高度なアフターサービスも提供可能となる。このようにモノとサービスを組み合わせて提供することが可能となる。

　もう1つのサービタイゼーションの背景が消費者ニーズの変化である。これまで製品の機能に価値を見出していた消費者が，デジタル技術やeコマースの普及により，いつでも必要な製品を入手できる環境になり，製品機能の価値よりも体験や経験などのコトに対する消費意欲を強めるようになった。前節で紹介したサービス・ドミナント・ロジックの視点は，売り切り型でないサブスクリプション・モデルやシェアリング・ビ

ジネス，プラットフォーム・ビジネスなどの基礎となっている。モノ自体よりもそれを入手することで得られる体験や経験，自己像の向上といった価値を重視する動きは消費者主導で広がっている。

　製品データを活用した仕組みづくりやコトづくりが製造業における差別化や顧客維持，競争優位の決め手になってきている。モノだけでなく，モノとコトを融合，モノが生み出すコトに価値を見出すビジネス・モデルが製造業のサービス化である。その形態はいろいろあるが，大別すると，アフターサービスの高度化と製品機能自体のサービス化の２つに分けられる。

　アフターサービスは製品引き渡し後に生ずる顧客からの要求に応えるもので，顧客からの問い合わせやクレームへの対応，点検，修理，補修部品や消耗品の提供などが含まれる。製品の保守サービスを収入源とするには，信頼性の高いサービスが途切れることなく顧客に届けられる必要がある。ここで，IoT と製品に埋め込まれたセンサーが重要な役割を果たす。使用中の製品の稼働状況や部品の状態に関する詳細データがセンサーで収集され，インターネットを通じて製品メーカーにフィードバックされることにより，実際に問題が発生する前に遠隔で予防保全を実施することができる。突発的な問題も発生と同時にアラームが立つ。従来は顧客がやらなければならなかった製品の稼働状況監視を製品メーカーが遠隔で行うことが可能となっている。デジタル技術を活用した保守サービスの提供は輸送機械や建設機械，農業用機械，医療機器などで始められた。さらに，顧客の保守活動だけでなく，オペレーションの一部まで担う O&E 事業に発展するケースもある。製品の稼働状況に関するビッグデータを AI で分析し，顧客に対してより効率的な作業計画や生産性向上につながる提案をしたり，製品自体のデザインや生産プロセスの改善に繋げたりする事例も出てきている。

製品機能自体のサービス化にはさらに高度な顧客との関係性の構築が必要となる。典型的なビジネス・モデルは，従量課金制など利用結果に対して支払うサブスクリプション・モデルである。たとえば，航空機用ジェットエンジンは飛行時間単位，印刷機はページ数，LED電球は点灯時間，これらの結果に応じて顧客が支払う包括契約が結ばれるような場合がこれに当たる。定額制によるコンスタントな収入源の追加，将来のR&Dへのガイド，製品の改善のネタも手に入る。また，自動車の場合には，いくつかの基本的サービスを組み合わせて，定額制のサブスクリプション・モデルが提案されている。

（2） 農林水産業のサービス化

製造業のサービス化に加えて，農林水産業におけるサービス化の試みもある。それは6次産業化と呼ばれるもので，1次産業としての農林漁業と，2次産業としての製造業，3次産業としての小売業やサービス業との総合的かつ一体的な推進を図り，農山漁村の豊かな地域資源を活用して新たな付加価値を生み出す取り組みである。農山漁村の所得向上や雇用確保が強調され，業種転換や多角化とみられる向きもあるが，人々の健康増進と食生活の充実，食の安全とトレーサビリティ，食料安全保障などの観点からのアプローチも期待される。

（3） プラットフォーム・ビジネス

情報通信技術の進展を背景として，各種サービスの提供と利用を支えるプラットフォームが構築されてきている。以下では，その代表的な例をいつくか紹介する。

① ソーシャル・ネットワーキング・サービス（SNS）

SNSとは人と人との繋がりとコミュニケーションを促進する，コ

ミュニティ型の会員制サービスであり，そういったサービスを提供する場としてのウェブサイトを表す場合もある。通常は，Web上で会員登録することで誰でも利用できる。他方，特定のコミュニティに限定したSNSもある。密接な個人間の繋がりを重視し，既存会員からの招待がないと参加できないものもある。また，社内でのコミュニケーションの活性化，情報の地域間格差の解消，内部統制などのため，社内限定のSNSを企業が導入するケースもある。

　多くのSNSのビジネス・モデルは広告収入モデルであり，登録情報とサービス側に蓄えられた履歴情報に基づいてターゲティング広告がユーザーに発信される。他に，ユーザー課金モデルや有料他サイトへの誘導モデルも見られる。情報の取得と発信，共有のためのコミュニケーション・ツールとしての利便性から，利用者数は急速に増加してきた。情報通信白書令和4年版によれば，世界の主要SNSの月間アクティブユーザー数は，2022年1月でフェイスブックが約29億人，YouTubeが約26億人，WhatsAppが約20億人などとなっており，世界中の人々のコミュニケーション基盤となっている。

②　クラウド・コンピューティング

　クラウド・コンピューティングとは，インターネットなどのネットワークを経由して，PCや携帯電話などの端末からデータセンターにアクセスし，サーバーやストレージ，アプリケーションなどのコンピュータ資源と蓄積されたデータを連携させて，必要なときに必要なサービスの提供を受ける仕組みである。クラウド・コンピューティングが提供するサービスは，その三層構造に合わせてIaaS（Infrastructure as a Service），PaaS（Platform as a Service），SaaS（Software as a Service）の3つに分けられる。

　IaaSは，コンピュータやストレージ，ネットワークなどのハード

ウェアが提供するサービスである。これを可能にしているのが，コンピュータを疑似的に分割したり統合したりする仮想化技術である。仮想化技術によって，利用者の要求に対して割り当てるコンピュータ資源を自動的に増減し，運用の自動化と効率化を図ることができる。

　PaaS は，アプリケーションを開発・実行するためのツールやプラットフォームを提供するサービスであり，利用者は仮想化されたアプリケーション・サーバーやデータベースなどの機能をネットワーク経由で利用できるようになる。AI やデータ分析の最新技術が組み込まれているものもある。

　SaaS は，アプリケーションが持つ機能を提供するサービスである。グループウェアや CRM などの業務アプリケーションや SNS やメールのようなコミュニケーション・ツールなどが用意される。

　さらに，クラウド・コンピューティングはその利用形態によって，標準的なサービスを不特定多数が共同利用するパブリック型，利用者専用のクラウド環境を提供するプライベート型，両者を統合して利用するハイブリッド型に分けられる。

　クラウド・コンピューティングを利用することにより，企業はいろいろな便益を享受することができる。たとえば，システムを迅速に構築できる，システムを簡単に拡張できる，初期費用と運用費用を削減できる，システムの利用可能性（可用性）と利便性を高めることができるといったメリットが指摘される。

③　e コマース・プラットフォーム

　e コマース（EC）には，自社 EC サイトのほか，出品あるいは出店ベースのショッピングモール型 EC サイト，越境 EC サイト，単品 EC サイト，定期販売の EC サイト，ダウンロード型 EC サイト，マルチチャネル型 EC サイトなどがある。広く利用されているのは，ショッピ

ングモール型のオンライン・マーケットプレースであろう。これらの
EC サイトの構築と運営を支援するプラットフォームとして，EC モー
ル，インスタント EC，ショッピングカート ASP，クラウド EC，EC
パッケージなどのサービスが提供されている。最も簡便な方法は EC
モールやインスタント EC の利用である。ショッピングカート ASP と
クラウド EC は類似点が多いが，クラウド EC の方がデザインや機能の
拡張性が高く，基幹システムとの連携や顧客管理が容易になるといった
メリットがある。

④　MaaS（Mobility as a Service）

　MaaS とは，住民や旅行者のトリップ単位での移動ニーズに対応して，
複数の公共交通やそれ以外の移動サービスを最適に組み合わせて検索・
予約・決済等を一括で行うサービスである。さらに，観光や物流，医
療・福祉，流通等，交通以外のサービス等との連携により，移動の利便
性向上や地域活性化，スーパーシティやスマートシティの実現などの地
域課題を解決する手段としても注目されている。

　公共交通には，鉄道やモノレール，バス，タクシー，旅客船，旅客機
などの従来型公共交通の他，AI を活用したタクシー配車やオンデマン
ド乗合交通などの新サービスも含まれる。さらに，グリーン・スロー・
モビリティ，超小型モビリティ，自動運転による交通サービス，カー
シェアリング，シェアサイクル，海外におけるライドヘイリングなど，
様々な新しい移動サービスが提案され，開発されている。これらは，
シェアリング・エコノミーを基盤とするプラットフォームの提供を通じ
て，MaaS というサービス・エコシステムを支えるサービス・イノベー
ションとみなすことができよう。

　ライドヘイリングとは，オンデマンド型移動サービスの代表的類型で
あり，交通営業許可のない一般人が自家用車を用いて他人を送迎する

サービスである。Uber，Lyft，Grab，滴滴出行，Ola などが世界中の多数の国と地域でサービスを展開している。情報技術を活用してライドヘイリングのプラットフォームを最初に開発した Uber（正式な社名は Uber Technologies 社）は，サービス・イノベーションの革新的事例として広く知られている。

Uber は情報技術を駆使してオンデマンド型 MaaS のためのアプリを開発し，移動サービスを必要とする登録ユーザーと契約を交わしたギグドライバーをマッチングさせ，ユーザーに安全で快適な乗車体験を提供するための透明性の高いプラットフォームを提供してきた。ユーザーは乗車前に，ドライバーの氏名，顔写真，電話番号，車種，登録番号，ユーザー評価，ドライバー到着までの予想時間，目的地到着までの予想時間，料金などを確認することができる。乗車履歴はすべて GPS 情報として記録され，ユーザーとドライバーの位置情報がリアルタイムで共有される。待ち時間中にアプリ上でメッセージを交換することもできる。配車決定時にクレジットカード等で料金決済が行われるため，乗車後にユーザーとドライバーとの間で金銭が授受されることはない。ドライバーにとって回り道をする意味は全くなく，ナビゲーション・システムに従って最短の距離と時間で目的地に到着しようと努めることになる。ドライバーは一定以上のユーザー評価を維持する必要があり，評価の低いドライバーは契約を打ち切られる。反対に，ユーザーもドライバーによって評価される。料金は需給バランスに従って上下する。需要が供給を上回る場合には，料金が上がり，ドライバーの供給が増えるという価格調整メカニズムが働く。

日本ではライドヘイリングは道路運送法で禁止されているため，人ではなく，料理や食品を届けるフードデリバリーサービスの Uber Eats で広く認知されている。新型コロナウイルス感染症の流行期に広く普及

したフードデリバリーサービスも明らかに1つのサービス・イノベーションであるが，ライドヘイリングの料理への直接的な応用である。宅配サービス，クーリエ便，貨物便などもサービス・プラットフォームに加わっている。

　さらに，2019年には，米国のデンバーや英国のロンドンにおいて，Uber のアプリ上で電車やバスなどの公共交通を含めた経路検索・予約・決済ができるようになり，オンデマンド型交通と公共交通を統合した本格的な MaaS ソリューションが提供されるようになっている。

学習課題

⑴　みなさんが利用するホテルやレストランなどで見かける顧客アンケートの項目をチェックし，有形物，信頼性，応答性，確実性，共感性の5つの次元についてどのように測定されているかを確認してみよう。
⑵　関心のあるサービスについて，サービス・ドミナント・ロジックから見直し，新しい価値提案ができないか考えてみよう。

参考文献

・岡田幸彦, 原辰徳編 (2023)『サービスサインエンス』放送大学教育振興会
・フィリップ・コトラー著, 恩藏直人訳 (2001)『コトラーのマーケティング・マネジメント』ピアソン・エデュケーション (Philip, Kotler, *Marketing Management*, Prentice-Hall, 2000)
・ロバート・F・ラッシュ, スティーブン・L・バーゴ著, 井上崇通監訳 (2016)『サービス・ドミナント・ロジックの発想と応用』同文舘出版 (Robert F. Lusch and Stephen L. Vargo, *Service-Dominant Logic: Premises, Perspectives, Possibilities*, Cambridge University Press, 2014)
・Heskett, James L., Jones, Thomas O., Loveman, Gary W., Sasser, W. Earl, Jr., and Schlesinger, Leonard A. (1994), Putting the Service-Profit Chain to Work, *Harvard Business Review*, Vol. 72, No. 2 pp. 164-174
・Lusch, Robert F., Vargo, Stephen L. and O'Brien, Matthew (2007), Competing through Service: Insights from Service-Dominant Logic, *Journal of Retailing*, Vol. 83, No. 1, pp. 5-18
・Parasuraman, A, Berry, Leonard L, and Zeithaml, Valarie A. (1991), Refinement and Reassessment of the SERVQUAL Scale, *Journal of Retailing*, Vol.67, No. 4, pp. 420-450
・Parasuraman, A., Zeithaml, Valarie A. and Berry, Leonard L. (1988), SERVQUAL: A Multiple-item Scale for Measuring Consumer Perceptions of Service Quality, *Journal of Retailing*, Vol. 64, No. 1, pp. 12-37
・Vargo, S. L. Vargo and Lusch, R.F. Lusch (2004), Evolving to a New Dominant Logic for Marketing, *Journal of Marketing*, Vol. 68, No. 1, pp. 1-17
・Vargo, S. L. and Lusch, R. F. (2016), Institutions and Axioms: An Extension and Update of Service-Dominant Logic, *Journal of the Academy of Marketing Science*, Vol. 44, No. 1, pp. 5-23

15 | 日本企業の経営課題

永田　晃也

《**学習目標**》　本章では，日本企業における経営の特質がどのように捉えられ，評価されてきたのかを振り返り，その特質が近年変化してきたのかに関する考察を踏まえて，今後の経営課題を展望する。

　一口に「日本企業」と言っても，その実態にはもとより業種，企業規模，立地などの差異に起因する多様性が存在し，あらゆる日本企業に共通する特質など存在しない。しかし，日本に発祥した企業の経営を欧米企業のそれと比較した既往研究は，歴史的・文化的な背景に由来すると見られる明らかな特質を発見し，その特質から「日本的経営」と言う理念型（本質的特徴に基づく理論モデル）を構成してきた[1]。ここで言う日本企業とは，こうした理念型が多かれ少なかれ当て嵌まる企業に他ならない。

　本章では，日本企業の経営を担うビジネス・システムの特質を，雇用慣行，企業間関係，ガバナンス（統治機構）という3つの側面から概観し，その一般的な知見に立って学習者が自ら身近な企業に固有の課題を発見できるようにすることを目標とする。

《**キーワード**》　日本的経営，終身雇用，年功制，系列組織，メインバンク，株式持ち合い，コーポレート・ガバナンス，株主主権論，ステークホルダー資本主義，ダイバーシティ経営，イノベーション・エコシステム，企業の社会的責任（CSR），ESG投資

1. 日本企業のビジネス・システムは どのように捉えられたか

　企業の経営は，多様な要素からなる全体としてのビジネス・システムによって担われている。まず日本企業におけるビジネス・システムの特

---

1)　「理念型」または「理想型」と呼ばれる方法概念については，ヴェーバー（1998：原著1904）を参照。

質に対する伝統的な捉え方と評価を，雇用慣行，企業間関係およびガバ
ナンスという３つの側面から見ておこう。

（1） 雇用慣行

　日本的経営（Japanese-Style Management）に関する研究は，米国の
文化人類学者アベグレン（James C. Abegglen：1926-2007）の研究
（Abegglen，1958）を嚆矢としている。アベグレンは，日本がアジア
的な性格を一貫した形で維持しながら，欧米以外の国で唯一，工業化を
達成した要因を解明することを目的として，1955年〜1956年に日本の大
企業19社と小企業34社の工場を対象とする調査を実施し，主として大企
業で観察された雇用慣行を分析した。その結果からアベグレンは，特に
「一旦入社した従業員は引退するまでその企業で働き続けるものだと考
え，企業側も極端な状況が生じない限り，一時的にも従業員を解雇しな
い」という慣行に着目し，これを「終身のコミットメント（lifetime
commitment）」と呼称した。後に「終身雇用」と呼ばれるようになっ
た雇用慣行である[2]。

　またアベグレンは，日本企業における従業員の処遇は，昇給や昇進が
基本的に勤続年数によって決まる制度に従っていることを指摘した。こ
れは「年功制」として知られる処遇制度である。さらにアベグレンは，
戦後GHQの指令によって組織された企業別労働組合の影響力が限定的
であり，従業員と企業の関係が良好に維持されている限り，活発な活動
の余地がほとんどない点に言及している。

　日本的経営をめぐる議論は，しばしば日本企業の優位性を説明するも
のと受け取られ，その解釈を前提とした批判が行われることがある。し
かし，アベグレンは，終身雇用と年功制のもとでは，大規模な従業員を
抱えるとともに昇進の機会を与える必要が生じることから，業務上の機

---

[2]　これに対して，米国でも大企業においては長期勤続傾向が見られるという指摘
　がつとに行われている。たとえば，小池（1977）を参照。

能を持たないポストを増やし，意思決定権限を細分化させる結果になるため，業務効率を犠牲にせざるを得ないなどの問題点を指摘していた。この認識を踏まえて導出された結論は，「欧米と人間関係の制度が違う国で工業化を進めるためには，それによって効率性が犠牲になると思えても，その国の習慣や方法をかなりの程度まで許容する必要がある」というものであり，日本的経営の特質は工業化を達成するための言わば必要悪として捉えられていたのである。

　ところが，高度経済成長期を通じて日本的経営に対する関心が高まるにつれ，その特質は優位性の源泉と目されるようになった。OECD が1970年に実施した調査に基づいて『対日労働報告書』（1972）をまとめ，そこで終身雇用，年功賃金および企業別労働組合からなるものとして「日本的雇用システム」（Japanese Employment System）を定義した頃には，これらの雇用慣行は経済成長をもたらす「三種の神器」と呼ばれるようになっていた[3]。

　この OECD の報告書が刊行された翌年の1973年には第一次オイル・ショックが発生するが，日本の産業は製品・サービスの高付加価値化，省エネルギー化を実現する構造的な転換によって危機を乗り超え，エレクトロニクス製品などのハイテク産業分野における競争力を向上させた。この間に実現した産業構造の転換は，日本企業のビジネス・システムに対する国際的な関心を益々高めることになり，1980年前後にはヴォーゲル（Ezra F. Vogel）『ジャパン・アズ・ナンバーワン』（1979），オオウチ（William G. Ouchi）『セオリーZ』（1981）など，日本企業の雇用慣行を基盤とする集団的な経営の優位性を説く文献が相次いで刊行された。こうした日本企業のビジネス・システムに対する高評価は，日本経済が成長を続けた1980年代を通じて支配的な見方になった。

　日本企業の雇用慣行が，どのようにして競争優位に結びついたのかに

3）　こうした雇用慣行の適用は，主に大企業の男子正規従業員に限られているという指摘も行われている。たとえば，尾高（1984）を参照。

関する理解は論者によって多様である。ただ，共通に重視されてきた因果関係としては，終身雇用による長期勤続を前提に行われるジョブ・ローテーション（配置転換）が，多様な職能に通じた人材を育成するとともに，職能部門間での知識共有を促し，部門間コミュニケーションを円滑にする効果を持ったという点が挙げられる。

（2） 企業間関係

　企業間関係における日本企業の特徴は，部品・資材等を調達する生産財市場と，資金調達を行う資本市場という2つの側面にわたって見ることができる。

　生産財市場における取引構造の特徴は，自動車産業や電気・電子機械産業を対象として1980年代に行われた浅沼萬里（1935-1996）の研究によって明らかにされてきた[4]。その特徴とは，親会社を頂点として第一次下請，第二次下請といった形で生産財を供給する子会社が階層的に組織される下請構造を持っていることである。こうした下請構造のメリットは，長期的な取引関係を維持することにより，取引コストを抑制する効果を持つ点に見出された。また，こうした下請構造は，トヨタ生産システムの要諦をなすものとして知られる「ジャスト・イン・タイム」——すなわち「必要なものを，必要なときに，必要な分だけ作る」ことを可能にする柔軟なサプライ・チェーンの基盤として理解され，その制度的な背景である系列組織は国際的な関心を集めることになった。

　資本市場における特徴は，メインバンク制と，株式持ち合いの2点に見出されてきた。メインバンク制とは，企業が特定の金融機関1行との間で主要な財務上の取引を行う関係である。当該企業にとってメインバンクは支払い決済口座を取り扱う銀行であり，国内の社債発行に際しては受託銀行となり，また大株主でもあり，借入を行う際には最大の債権

4）　浅沼の主要な研究については，没後刊行された浅沼（1997）を参照。

者にもなるといった多様な役割を担う。

　株式の持ち合いとは，複数の株式会社がグループを作って互いの株を所有し，敵対的買収によるグループ外からの経営権の支配を排除する仕組みである。この仕組みは，戦後，メインバンクを中心とする企業グループによって形成されてきた日本の経済システムの最大の特徴とされている[5]。

　メインバンク制と株式の持ち合いは，いずれも企業とその株主が互恵的な関係に立つ仕組みである。この関係のもとでは，株主は自らの短期的な利益の獲得を理由に企業の経営方針に対して過度な干渉を行うことがない。そのため企業は長期的な成長を目標とする設備投資や研究開発投資に動機づけられるという点が，ビジネス・システムの優位性として注目されてきたのである。ただし，こうした通説に対しては，米国企業などよりも日本企業の方が景気変動に対して近視眼的（myopic）に反応し，設備投資や研究開発投資を削減する傾向があるという反証も挙げられている[6]。メインバンク制や株式の持ち合いは，企業の自立的な経営を担保するものであるとしても，それが長期的な視点に立った経営判断を可能にしたと一概に言うことはできないのである。

（3）　ガバナンス

　企業のガバナンスがどのような特質を持っているのかは，ガバナンスに関する2つの理論のいずれに親和性が認められるかという観点から論じられてきた。議論の焦点とされたのは，「会社は誰のものか」という問題である[7]。

　この点に関するガバナンス理論のうち1つは「株主主権論」であり，会社は株主のみが所有し，従って会社の基本方針を決定する権限は株主

---

5)　この点については，岩井（2003）を参照。
6)　たとえば，野間（2010）を参照。
7)　「企業」の概念には，利潤の追求を目的とする経済組織が広く含まれるのに対して，「会社」とは法人化された企業を意味する。岩井（2003）を参照。

に帰属するという立場をとる[8]。この立場が支配的な経済システムは「株主資本主義」と呼ばれており、その典型は米国や英国の経済システムに見出されてきた[9]。

もう1つは、ステークホルダー（利害関係者）論であり、会社は株主だけではなく、経営者、従業員、顧客、地域社会など多様なステークホルダーのものでもあり、従ってステークホルダーの利益に配慮して統治されるべきであるという立場をとる。この立場を軸とする経済システムの理念は「ステークホルダー資本主義」と呼ばれ、国際機関である世界経済フォーラムが2020年1月に開催した年次総会（ダボス会議）で議題となったことにより広く知られるようになった。ステークホルダー資本主義という経済システムは、株主資本主義に対するアンチテーゼとして提唱された政策的な理念であり、これを完全に具現化した国が存在するわけではない。

日本企業の伝統的なガバナンスにおいては、前述のように従業員の雇用が重視される一方、メインバンク制と株式の持ち合いによって経営に対する株主の影響力が抑制されてきた。従って、その特質は明らかに株主主権論に立つガバナンスとは異なり、ステークホルダー論の立場に近いものとして理解されてきた。アベグレン（1958）が、英米型の企業を資産の組み合わせとして概念化する一方、日本の企業は社会的組織であり共同体であると特徴づけたことは、この理解を端的に裏付けている。

2. 日本企業のビジネス・システムは どのように変化したか

前節で概観した日本企業におけるビジネス・システムの特徴に関する

---

8) 岩井（2003）は、株式会社とは、株主が法人としての会社を所有し、その法人としての会社が会社資産を所有するという「二重の所有関係」によって構成されているのであり、株主主権論は法理論上の誤謬に過ぎないとしている。

9) アベグレン（2004）が引用したドラッカーのインタビュー記事（*Forbes Global Business and Finance*, September 7, 1988.）によると、米国と英国を除けば、先進国の中で会社が株主のためにあると考えている国は存在しない。

捉え方と肯定的な評価は，概ね1980年代を通じて確立したものである。ところが，1980年代の後半に高騰していた株価と地価が，89年から90年までの間に5回にわたり実施された公定歩合の引き上げを契機に91年から93年にかけて急落し，いわゆるバブル経済の崩壊という局面を迎えた後，日本経済が「失われた10年」とも「失われた20年」とも呼ばれる長期的な不況期に入ると，日本企業におけるビジネス・システムに対する評価は一転し，その特徴を競争劣位の要因とみなす論調が支配的となった[10]。

　しかし，バブル経済の発生とその崩壊は，多分に金融政策の失敗によるものであり，ビジネス・システムの特徴に起因する事態ではない。その後の長期的なデフレ不況についても，その要因をビジネス・システムの特徴に帰する根拠は薄弱である。こうしたマクロ経済の変動を，良くも悪くもビジネス・システムの特徴に短絡させる思考は適切な評価を導かない。

　ただ，一方で1990年代以降には，生産年齢人口がピークアウトし，インターネットの普及に伴ってIT化が高度に進展するなどの大きな環境変化が生じているため，これに対して日本企業のビジネス・システムがどのように適応し，その特徴が変化を遂げることになったのかは評価に関わる重要な論点となる。以下，前節と同様に3つの側面にわたって，90年代以降の変化を概観する。

（1） 雇用慣行

　終身雇用は，景気変動に応じた雇用調整を妨げる硬直的な慣行として度々批判に晒されてきた。また，年功賃金は生産性の向上を妨げる非競争的な処遇制度として批判され，90年代後半には成果主義的な制度の必要性が叫ばれた。これら日本的経営の特徴とされた雇用慣行は変化した

---

10)　この80年代から90年代にかけての評価の転換については，ウェストニー＝クスマノ（2010）を参照。

のであろうか。

アベグレン（2004）は，日本的経営に関する最初の著作から50年近くの年月が経過する間に，様々な批判を受けてきた雇用慣行が変化したのかを検討している。その結果，終身雇用については，国際労働機関（ILO）の調査データに基づいて日本の平均勤続年数が1992年の10.9年から2000年の11.6年へと長期化していることを示し，雇用制度の中核にあることに変化はないとしている。ただし，終身雇用の外にいるパート労働者の総数は増大しており，その労働力人口に占める比率は1985年の11％から2000年には21％にまで上昇したとしている。また，1986年に労働者派遣法が制定され，2004年の改正によって製造業務も対象に含まれたことにより派遣労働者が増大した点にも言及しているが，こうした新しい制度の導入は終身雇用に変わるものではないと述べている。一方，年功賃金については，2001年の時点で企業はなお年齢や勤続年数を考慮しなくなったわけではないとする先行研究を引用しながら，日本的経営が観察された大企業で年齢給を廃止する事例が相次いでいる点を重視し，年功賃金は消えようとしているという見通しを述べている。企業別労働組合については，1970年代後半以降，組織率が大きく低下し続け，その役割はほとんど目立たなくなったとしている。

2000年代までの雇用慣行の変化については，「賃金構造基本統計調査（賃金センサス）」の個票データを用いた詳細な分析が経済学者らによって行われている。神林（2016）は，それらをレビューした結果を，①長期雇用慣行は必ずしも全面的に衰退したわけではない，②年功賃金体系は，2000年代以降，維持と緩和に両極化してきた，③正社員の比率は1980年代以降安定していた，といった点に要約している。

要するに1990年代以降，終身雇用には顕著な変化は生じていないが，年功賃金については，それを維持する企業と成果主義的な賃金体系にシ

フトする企業に二極化するという変化が現れているのである。

　成果主義的な賃金体系へのシフトが，従業員の働く意欲や業績にどの
ような影響を及ぼすのかについては注意が必要である。高橋（2004）が
指摘しているように，成果主義的な賃金による動機づけが無効であるこ
とは経営学の領域では立証済みであり，それは仕事自体のやりがいや楽
しさによる内発的動機づけを毀損することにより，却って生産性に悪影
響を及ぼす可能性もあるからである。実際，成果主義的な賃金制度を導
入した企業において，従業員の個人業績が高まったことを示す頑健なエ
ビデンスは，これまでのところ報告されていない。

（2）　企業間関係

　アベグレン（2004）は，日本企業が最も大きく変わったのは財務の分
野であるとして，それが企業間関係に及ぼした影響に言及している。す
なわち高度成長期に成功を収めた日本企業は，市場シェアを目標として
高水準の設備投資を続けるため資本コストが低い銀行借入を行ってきた。
バブル期には土地と株式の担保価値が上昇したため，これに基づいて大
量の借入が行われたが，デフレの時期になると債務の実質額が増大する
一方，資産価値が下がるため企業は事実上の債務超過に陥った。そこで
企業は経営目標を市場シェアからキャッシュフロー[11]に変え，手元現金
を債務返済に使うようになった。この結果，資金調達に当たっての銀行
への依存度は低下し，メインバンク制の影響力は大幅に弱まったとして
いる。

　1996年に金融ビッグバンの一環として従来の債権格付け基準における
適債基準と無担保債発行時の財務制限条項が撤廃され，社債の発行が完
全自由化されたことも，銀行借入への依存度を低下させる要因になった
と言われている。

11）　財務活動により流入する現金から流出する現金を差し引いて，手元に残る現
　　金を意味している。

　また，岩井（2003）は，銀行合併を契機として企業グループが再編され，それぞれのグループ内の株式持ち合い比率が低下するとともに，グループを超えた提携や合併が頻繁に行われるようになったことから，株式持ち合いは崩れつつあるという見方を提示している。

　以上のように，資本市場の特徴であったメインバンク制と株式持ち合いの影響力は，いずれも低下したと見られている。一方，生産財市場における取引関係の特徴とされてきた階層的な下請構造についても，その優位性が相対的に低下したことを窺わせる傾向が指摘されている。たとえば，2007年版『中小企業白書』は，1990年代以降のグローバル化やIT化の進展により，下請企業が長期安定的な取引関係から多数の取引先との多面的な取引関係に移行してきたと報告している。この傾向は，一般的にインターネットの普及とIT化の進展が取引コストの削減効果を持つことから，取引関係における系列組織への依存度が低下したことを背景にしていると考えられる。

（3）　ガバナンス

　1990年代は米国や英国の経済が好調であったため，デフレ不況に苦しむなかで経営改革に取り組む日本企業の間では，特に米国式のコーポレート・ガバナンスに対する関心が高まった。これもマクロ経済変動の要因をビジネス・システムの特徴に短絡させた思考の結果であったが，その関心が向かう先には予期に反する事態が待ち受けていた。まず，株主の利益を最優先事項とする米国式のコーポレート・ガバナンスとは何であったのかにつき，主として岩井（2003）やアベグレン（2004）に依拠しながら見ておこう。

　米国におけるコーポレート・ガバナンスは，かつてバーリ（Adolf A. Berle）とミーンズ（Gardiner C. Means）が『現代株式会社と私有財

産』（Berle and Means, 1932）の中で指摘した「所有と経営の分離」
の問題に端を発している。「所有と経営の分離」とは，株式会社の発達
に伴って株式が多数の株主に分散的に所有されるようになると株式所有
に基づく支配が困難になり，支配株主に代わって株式をほとんど持たな
い専門的な経営者が経営を支配する状態になることを意味している。こ
の状態のもとで，いかにして株主主権を取り戻し，経営者に株主の利益
に適った行動をとらせることができるかという問題が提起されることに
なったのである。

　1970年代後半以降になると，新自由主義的な思想を背景として，この
問題を市場原理によって解決しようとする方法が採られるようになる。
それは経営者の報酬をストック・オプション[12]などによって株式価格と
連動させる方法であり，言い換えれば経営者を株主にすることによって
自動的に株主主権を復活させようと企図するものであった。実際に1980
年代以降，米国では経営者の報酬を株価と連動したボーナスやストッ
ク・オプションの形で支払う企業が急速に増加し，その結果，CEOと
従業員の年間所得の格差は，1950年代には20倍程度であったものが，
1990年には85倍，2000年には531倍にまで跳ね上がった。岩井（2003）
はこのような状況を踏まえ，当初のコーポレート・ガバナンスは，経営
者に忠実義務や注意義務といった信任義務を課すことによって，その行
動を律しようとするものであったが，この経営者自身の利益に訴える方
法は結果的に経営者を倫理性への配慮から解放してしまったと述べてい
る。

　2000年代には，その帰結が信じ難いほどの不祥事として相次いで発覚
することになる。2001年には，大手総合エネルギー商社であったエンロ
ンが倒産した。同社の経営者は株価を吊り上げるために大規模な粉飾決
算を行い，巨額のボーナスを受け取っていたことが発覚した。2002年に

---

12)　新株予約権と呼ばれ，自社株を特定の行使価格で購入できる権利を意味する。

は大手電気通信事業者であったワールドコムが倒産した。同社において
も自社株の価格を下支えするための粉飾決算が行われていたことが発覚
し，倒産のきっかけとなっている。

　米国のコーポレート・ガバナンスでは，経営陣とは独立した社外取締
役が，執行役員を監督・管理し，財務管理と財務報告の適切性を監督す
る役割を担うものとして位置づけられてきたが，これらの不祥事は社外
取締役という役職が一種の虚構に過ぎないことを劇的な形で示した。こ
の点についてアベグレン（2004）は，米国企業では株主の利害を代表す
るものとされる取締役会が，実際には CEO の友人や知人で構成され，
CEO の提案をほとんど批判も修正もしないまま取締役会が承認すると
いう実態を指摘している。

　米国のコーポレート・ガバナンスに対する関心が高まっていたわが国
では，2002年に商法改正が行われた際，社外取締役が過半数を構成する
３つの委員会（監査委員会，取締役候補者を選出する指名委員会，役員
の年俸を決める報酬委員会）を取締役会が設置し，その下に執行役員を
置く「米国型」のガバナンス・システムを採用できるようになった。こ
の場合，取締役会が監査機能を担うため，監査役会は廃止される。しか
し，この商法改正が行われた時点では，既にエンロン事件などから米国
式のコーポレート・ガバナンスの有効性は疑問視されており，結局，社
外取締役中心のガバナンスに移行した日本企業は限定的だったのである。

3. 日本企業のビジネス・システムは　　どこに向かうのか

　本章では，日本企業の優位性が世界的な注目を集めた1980年代までに
確立したビジネス・システムの特徴と，その90年代以降の変化を見てき
た。ここで参照した文献により追跡できた期間は 概 ね2000年代半ばま

でであるが，その後の社会経済環境には，リーマン・ショック（2008年），東日本大震災（2011年），COVID-19パンデミック（2020年），ロシアによるウクライナ侵攻（2022年）に起因する世界的なインフレの加速といった大規模な変動要因が発生している。また，1995年の8,716万人をピークに減少し始めた生産年齢人口は，2020年には7,509万人にまで縮小した。しかし，この間，日本企業のビジネス・システムに広範な構造的変化が生じたことを窺わせる研究報告は行われていない。

　したがって日本企業における雇用慣行の現状は，終身雇用は維持されているものの従業員の雇用形態が多様化し，年功制については維持する企業と成果主義にシフトする企業の二極化が進んだ状態にあると言える。また，資本市場におけるメインバンク制と株式持ち合いの影響力は低下し，階層的な下請構造とその基盤となってきた系列組織が生産財市場にもたらしてきた取引コストの削減効果も相対的に低下した現状にあると見られる。ガバナンスについては，一時米国型システムへの関心が高まったが，その問題が露呈されたことから，明らかな米国型へのシフトは起こらなかったと言える。

　では今後，日本企業のビジネス・システムはどのような方向に向かうべきであろうか。この問いに対して正解を導くことができる「世界標準の経営学」などは存在しない。また，この問い自体は日本企業にとって重大であるが，将来の環境変化が正確に予測できない以上，そもそも正解はないのである。しかし，すでに起こった変化，起こりつつある変化に鑑みると，いくつかの不可避な経営課題が浮かび上がる。ここでは，それを解決する方向に日本企業が向かわざるを得ないと言える3つの経営課題を挙げておこう。

　第1に，生産年齢人口の減少がもたらす労働力不足，人材不足への対応である。非正規雇用や派遣労働によって労働力不足に対応できる可能

性は，生産年齢人口が減少していく状況下では限定される。また，これらの雇用形態への依存度を高めていくと，組織内部で中核的な人材を育成・確保していくことが困難になる。この課題を解決するうえで鍵になることが期待できる方法は「ダイバーシティ経営」，すなわち性別，年齢，国籍，障がいの有無などを超えて多様な人材を登用し，その能力を発揮させる取り組みである。終身雇用が維持されてきた日本企業では従業員が組織文化を高いレベルで共有してきたが，その特質は多様な人材を活かそうとする取り組みとの間でコンフリクトを発生させることも少なくなかった。終身雇用が持つ中核的な人材の育成機能を維持しながら，雇用形態の多様性のみならず人材の多様性を取り込んでいくことは，日本企業にとって重要なチャレンジになるであろう。

第2に，従来の企業間関係の枠を超えたエコシステム（生態系）の構築である。既存の産業分野における製品やサービスが成熟化した今日，新たなイノベーションの機会はモノとモノ，モノとサービスの結びつきに見出されるようになった。インターネットの普及は，こうしたイノベーションの機会を増幅してきた。企業は産業横断的なコミュニティの一員としてのみ，このイノベーション・プロセスに関与できる。担い手となるコミュニティには，サプライチェーンを構成するサプライヤー，中核企業，顧客に加えて多様な補完財の生産業者が含まれ，その運命共同体的な相互関係は「ビジネス・エコシステム」あるいは「イノベーション・エコシステム」と呼ばれている[13]。日本企業が，強靭なイノベーション・エコシステムを作り出す可能性は，系列組織に代表される従来の企業グループの強みを活かしながら，その枠を超えた企業間連携を構築する方向に見出されるであろう。

第3に，社会的な存在価値の再構築である。地球環境問題に起因する激甚災害の多発などを背景として，今日の企業には単なる社会貢献とい

---

13) イノベーション・エコシステムについては，永田編著（2022）を参照。

うよりも，本来業務に根ざした社会的責任（Corporate Social Responsibility: CSR）の遂行が期待されている。国連は2006年に，機関投資家に対してESG投資，すなわち環境（Environment），社会（Social）およびガバナンス（Governance）に関する視点を投資プロセスに取り入れることを求める「責任投資原則」（Principles for Responsible Investment: PRI）を提唱した。企業がこれに対応する方向に見えてくる課題は，多様なステークホルダーの利害を考慮できるガバナンス・システムの構築である。それは容易な課題ではないが，その解決を戦略目標とするためのコンセンサスを形成するうえで，日本企業は自らの優位性を発見できるであろう。松下幸之助など優れた日本の経営者は，しばしば企業を「社会的な公器」とする経営思想を語ってきた。そのような原点となる経営思想に回帰することが，この課題に挑戦する日本企業の進むべき方向である。

　以上3つの課題を解くための鍵は，「世界標準」などという虚構にあるのではなく，いずれも日本企業の内部にあることに読者は気づくであろう。

学習課題

(1)　終身雇用を維持しながら多様な人材を活用することには，どのような課題が伴うのか。また，それはどのように解決できるのかを考えてみよう。

(2)　CSRの遂行を持続可能な活動にしていくうえでは，どのようなガバナンス・システムが適合的であるのかを考えてみよう。

引用文献

・Abegglen, J. C.（1958）*The Japanese Factory: Aspects of Its Social Organization*, The MIT Press.（山岡洋一訳『日本の経営（新訳版）』日本経済新聞社，2004年）

・アベグレン，ジェームズ・C.（山岡洋一訳）（2004）『新・日本の経営』日本経済新聞社

・浅沼萬里（1997）『日本の企業組織 革新的適応のメカニズム：長期取引関係の構造と機能』東洋経済新報社

・Berle, A.A. and Gardiner C. Means（1932）*The Modern Corporation and Private Property*, Macmillan.（森杲訳『現代株式会社と私有財産』北海道大学出版会，2014年）

・岩井克人（2003）『会社はこれからどうなるのか』平凡社

・神林龍（2016）「日本的雇用慣行の趨勢：サーベイ」『組織科学』50(2)，4-16.

・小池和男（1977）『職場の労働組合と参加：労資関係の日米比較』東洋経済新報社

・永田晃也編著（2022）『イノベーション・エコシステムの誕生：日本における発見と政策課題』中央経済社

・野間幹晴（2010）「日本企業の競争力はなぜ回復しないのか：配当行動と投資行動をめぐる 2 つの通説への反駁」『一橋ビジネスレビュー』58(2)，74-89.

・尾高邦雄（1984）『日本的経営：その神話と現実』中公新書

・OECD（労働省訳・編）（1972）『OECD 対日労働報告書』日本労働協会

・高橋伸夫（2004）『虚妄の成果主義：日本型年功制復活のススメ』日経 BP 社

・ヴェーバー，マックス（富永祐治，立野保男訳，折原浩補訳）（1998）『社会科学と社会政策にかかわる認識の「客観性」』岩波文庫

・ウェストニー，D・エレノア，マイケル・A・クスマノ（2010）「「奇跡」と「終焉」の先に何があるのか：欧米の論調にみる日本の競争力評価」青島矢一，武石彰，マイケル・A・クスマノ編著『メイド・イン・ジャパンは終わるのか』（第 1 章），東洋経済新報社

245

索引

*配列は、英文関係はアルファベット順、日本語は五十音順にて。‒は該当数ページに頻出。

1年基準　81

4つのP　192

6次産業化　206, 222

7つのP　192

ACSI（American Customer Satisfaction Index）モデル　210

AI　220, 221, 224

ATO　173, 175

CRM　224

EDINET　91

ESG投資　243

eコマース・プラットフォーム　224

FCFS　181

GPS　226

IaaS　223

IoT　220, 221

MaaS　225, 227

Netflix　219

O&E事業　221

Off-JT　152, 157, 159

OJT　152, 153, 154, 157, 158, 159, 163

PaaS　223, 224

PDCAサイクル　4, 144, 177

SaaS　223, 224

SECIモデル　132, 133

SERVPERF　210

SERVQUAL　204, 209, 210

Spotify　219

SWOT分析　200

Uber　226, 227

....

【あ行】

アージリス（Chris Argyris）　60

曖昧な状況下での学習（learning under ambiguity）　58

アウトソーシング　194

アクション・プログラム　201, 202

アクター　215, 219

アップスキリング　152, 155

アビリティーズ（abilities）　176

アフターサービス　176, 194, 197, 198, 202, 219, 221

アフターマーケット情報　220

アプリケーション　224

アプリケーション・サーバー　224

アベグレン（James C, Abegglen）　230, 234, 236, 237, 240

安全在庫　183

安全性の分析　85

アンゾフ　24, 25, 28

暗黙知（tacit knowledge）　131, 132, 133

暗黙的知識　218

意思決定　147, 148

移動サービス　225, 226

イノベーション（innovation）　107, 108, 170, 174, 217

イノベーション・エコシステム　229, 242

イノベーターのジレンマ　118

意味的価値　213

依頼人（principal）　93

岩井（克人）　233, 234, 238, 239

インダストリー4.0　220

インタレスト・カバレッジ・レシオ　90

ウォルター・シューハート　168

受入検査　167

売上総利益　83

売上高営業利益率　90

分担執筆者紹介

（執筆の章順）

永田　晃也 （ながた・あきや）

・執筆章→ 3・4・8・9・15

略歴　　1986年早稲田大学大学院経済学研究科修士課程修了。北陸先端科
　　　　学技術大学院大学助教授，文部科学省科学技術・学術政策研究所
　　　　総括主任研究官などを経て
現在　　九州大学大学院経済学研究院教授
専攻　　イノベーション・マネジメント，科学技術イノベーション政策
所属学会　組織学会，研究・イノベーション学会など
主な著書　『日本型イノベーション・システム―成長の軌跡と変革への挑戦』
　　　　（共編著，白桃書房，1995年）
　　　　『知識国家論序説―新たな政策過程のパラダイム』（共編著，東洋
　　　　経済新報社，2003年）
　　　　『価値創造システムとしての企業』（編著，学文社，2003年）
　　　　『知的財産マネジメント―戦略と組織構造』（編著，中央経済社，
　　　　2004年）
　　　　『知的財産と技術経営』（共編著，丸善，2005年）
　　　　『イノベーション・エコシステムの誕生―日本における発見と政
　　　　策課題』（編著，中央経済社，2022年）

齋藤　正章 （さいとう・まさあき）

・執筆章→ 5・6・7

略歴　　1992年早稲田大学大学院商学研究科修士課程修了
　　　　1995年早稲田大学大学院商学研究科博士課程単位取得退学
　　　　早稲田大学商学部助手，放送大学講師，助教授を経て
現在　　放送大学准教授
専攻　　会計学，管理会計論
所属学会　日本会計研究学会，日本管理会計学会，日本財務管理学会など
主な著書　会計情報の現代的役割（共著，白桃書房，2005年）
　　　　株主価値を高める EVA 経営［第2版］（共著，中央経済社，2008
　　　　年）
　　　　NPOマネジメント（共著，放送大学教育振興会，2011年）
　　　　現代の内部監査（共著，放送大学教育振興会，2022年）
　　　　管理会計（単著，放送大学教育振興会，2022年）

編著者紹介

原田　順子 (はらだ・じゅんこ)

・執筆章→1・2・10・11

略歴	修士号（ケンブリッジ大学），博士号（リーズ大学）を得たのち，放送大学助教授・准教授・教授を務める。
現在	放送大学教授，PhD
専攻	経営学，人的資源管理
所属学会	日本経営学会，日本労務学会，人材育成学会，日本港湾経済学会など
主な著書	『多様なキャリアを考える』（共編著，放送大学教育振興会，2015年） 『改訂新版 国際経営』（共編著，放送大学教育振興会，2019年） 『新時代の組織経営と働き方』（共編著，放送大学教育振興会，2020年） 『海からみた産業と日本〜海事産業と地球の未来〜』（共編著，放送大学教育振興会，2022年） 『改訂新版 人的資源管理〜理論と実践を架橋する〜』（共編著，放送大学教育振興会，2022年）

松井　美樹 (まつい・よしき)

・執筆章→1・12・13・14

略歴	1984年 一橋大学大学院商学研究科博士後期課程単位修得
現在	放送大学教授・横浜国立大学名誉教授
専攻	オペレーションズ・マネジメント
所属学会	オペレーションズ・マネジメント＆ストラテジー学会，経営情報学会，日本情報経営学会など
主な著書	『制度経営学入門：経営資源展開への科学的アプローチ』（編著，中央経済社，1999年） 『効率と公正の経済分析—企業・開発・環境—』第3章「製造システムの国際比較」（分担執筆，ミネルヴァ書房，2012年） 『社会と産業の倫理』第11章「生産マネジメントと倫理」（分担執筆，放送大学教育振興会，2021年） 『サプライチェーン・マネジメント』（編著，放送大学教育振興会，2021年） 『SDGs下のアジア産業論』第8章「ベトナムにおける産業発展」（分担執筆，放送大学教育振興会，2023年）

放送大学教材　1730177-1-2411（ラジオ）

経営学入門

発　行　　2024年3月20日　第1刷

編著者　　原田順子・松井美樹

発行所　　一般財団法人　放送大学教育振興会

　　　　　〒105-0001　東京都港区虎ノ門1-14-1　郵政福祉琴平ビル

　　　　　電話　03（3502）2750

市販用は放送大学教材と同じ内容です。定価はカバーに表示してあります。

落丁本・乱丁本はお取り替えいたします。

Printed in Japan　ISBN978-4-595-32476-5　C1334